HEYNE <

Gertrud Höhler

DIE
WÜRDE
DES MENSCHEN IST
UN
ANTAST
BAR

Die Corona-Bilanz

WILHELM HEYNE VERLAG
MÜNCHEN

Sollte diese Publikation Links auf Webseiten Dritter enthalten,
so übernehmen wir für deren Inhalte keine Haftung,
da wir uns diese nicht zu eigen machen, sondern lediglich
auf deren Stand zum Zeitpunkt der Erstveröffentlichung verweisen.

Penguin Random House Verlagsgruppe FSC® N001967

Originalausgabe 11/2020

Copyright © 2020 by Wilhelm Heyne Verlag, München,
in der Penguin Random House Verlagsgruppe GmbH,
Neumarkter Straße 28, 81673 München
Umschlaggestaltung: Hauptmann & Kompanie Werbeagentur Zürich,
unter Verwendung einer Illustration von © Freeda Michaux / Shutterstock
Satz: Satzwerk Huber, Germering
Druck: CPI books, GmbH, Leck
Printed in Germany
ISBN: 978-3-453-60590-9

www.heyne.de

*Für homo ludens und seine Kinder
—— weil Eure Würde unantastbar ist.*

Inhalt

Weltmacht Virus   9

Die Dämonisierung des Virus   15

Weltmacht Würde – Das einsame Solo der
    deutschen Verfassung   21

Das Mission Statement der Corona-Manager:
    Gesundheit und Lebensschutz   31

Falsches Codewort führt zur Selbstzerstörung
    demokratischer Systeme   39

Das Dilemma – Der Preis für die Auszeit der
    Würde wird fällig   49

Ist das Virus ein Würde-Killer?   57

Corona-Randgruppen – Wer die Würde ins Aus
schickt, muss Alte und Kinder benachteiligen 69

Die Würde steht für das, was uns vom
Überwachungskapitalismus unterscheidet 77

Ist SARS-CoV-2 ein Diktator? 83

Schwedens Corona-Politik – Würde im Exil 89

Noch immer sind wir Fremdlinge im Universum
der Natur 101

Plötzlich triumphiert die Unantastbare –
Wenn Verbündete das deutsche Würde-Konzept
verteidigen 111

Bilanz 117

Conclusio 121

Anmerkungen 123

Weltmacht Virus

Weltmacht Virus: Das ist globale Unterwerfung aller im Namen einer Übermacht. Sie ist politisch uninteressiert, verweigert Auftritte, wie wir sie kennen, in Menschengestalt, übernimmt die Befehlsgewalt in beliebigen politischen Systemen.

SARS-CoV-2 braucht keine Allianzen, um zu siegen. Ob er jung oder alt ist, lässt sich nicht feststellen. Er räumt die Erde um, wie es die Truppen der Diktatoren schon deshalb nicht schaffen, weil sie Gegner brauchen: die anderen Diktatoren oder schwächere Nationen. Das Virus scheint geboren vor diesem Weltalter, in dem das Entweder-oder, das Du oder Ich, das Fliehen oder Kämpfen gilt. SARS-CoV-2 kämpft nicht einmal; er erobert einfach und zieht weiter. Er kennt keine Feinde, nur Gastgeber, die ihn aufnehmen, ohne dass er anklopfen muss.

Archaische Erinnerungen packen den *homo digitalis*, der sich mit der künstlichen Intelligenz gerade einen Stahlzoo aus intelligenten Partnern baut. KI, so meint er, sei berechenbarer als die neuen unsichtbaren Diktatoren. SARS & Co., so hört man, kommen nämlich jetzt öfter und sind mit Homo-sapiens-Verstand überhaupt nicht beherrschbar.

Artificial Intelligence, künstliche Intelligenz scheint ein berechenbarer Spielkamerad, gemessen an SARS-CoV-2, der unsere fünf Sinne als Einfallstore für seine Eroberungen in unserem höchstpersönlichen Innenleben benutzt. Das Virus ist nicht wählerisch. Es kommuniziert mit einer Unersättlichkeit und Intoleranz, die uns aus dem Gleichgewicht bringt. Der Winzigkleine schwimmt durch unsere hoch entwickelte Kultur mit einem Naturdesign, das wir nicht mehr oder noch nicht verstehen: Seine Power erinnert an Frühstadien vor aller Artenvielfalt. Ist er nun steinalt, eher uralt oder einer von übermorgen? Eine Warnvision, die uns mit einer Botschaft überrascht, die uns entmachtet: So werdet Ihr regiert werden, Ihr IT-Fans und digitalen Narren, die uns der Welt der Viren näher bringen, beißgehemmt und ohne Witterung.

SARS-CoV-2, den wir nicht »Es« nennen können, weil er die Meriten zur Weltherrschaft erreicht hat, ist der Gleichmacher ohnegleichen. Keiner der lebenden Diktatoren hat eine vergleichbare Reichweite. Die liberalen Erfolgskulturen werden sich zu dramatischen Fehlentscheidungen hinreißen lassen, um diese dämonische Unterwerfung zu stoppen. Sie werden sich weigern zu verstehen, was die Allmacht des Erregers und seiner vermuteten Nachfolger begründet. Und wir weigern uns bis heute zu erkennen, dass wir kooperieren müssten, statt zu glauben, wir könnten das Virus unterwerfen.

Auch darum ist das Virus allen globalen Systemen überlegen: Es hat keine Ideologie. Es verteilt keine Privilegien. Das Virus ist nicht bestechlich. Es ist nicht käuflich. Es kennt keine Gefühle. Es folgt keiner Ratio, die man torpedieren oder überreden könnte.

Das Virus ist programmiert auf Erfolg. Es ist Natur. Solange wir das nicht verstehen, bleiben wir erfolglos.
Dieselbe Erfahrung bietet uns der Klimawandel seit Jahrzehnten an: Die Übermacht der Natur als das machtvollste Kooperationsangebot zu begreifen, das uns je gemacht wurde. Solange Staatschefs das Virus »beherrschbar« nennen, wie Kanzlerin Angela Merkel im August 2020, solange Staatsführer der akademischen Jugend zurufen: »Wir können die Erderwärmung stoppen«, wie dieselbe Kanzlerin es im Mai 2019 an der US-Universität Harvard vor einem gelehrten Publikum tat,[1] werden wir die Übermacht der Natur weiter als Zumutung statt als Einladung verstehen.

Die Agenda der Weltmacht Virus

Weltmacht Virus: Urzeit toppt Neuzeit. So muss man sein, um alle Reiche in die Knie zu zwingen: Industriekultur und digitale Trend-Leadership stehen vor leeren Waffenschränken. Sie hatten es bisher nur mit ihresgleichen zu tun. Dieser Herrscher, der sie alle an die Wand stellt, setzt ihre Strategien matt.

Ein Gesetzloser. Machtlose Richter

Kleiner als klein, nur mit schwer bewaffnetem Auge erkennbar. Eigenschaften nicht erschlossen. Imperialistisches Potenzial beispiellos. Seine Verbündeten: antike Götter, der Sturm, der Lufthauch. Seine Verführer: die ausgestreckte, die streichelnde Hand. Die geneigte Wange. Sein Können: grenzenlos. Seine Präsenz: ubiquitär. Er kann, was keiner von uns kann. Er überfliegt alle Grenzen und erobert alle Kontinente.

Ein großer Gleichmacher: ideologiefrei, übermächtig ohne traditionelle Waffen

Globale Spur der Unterwerfung. Eint er uns alle? Hat er Favoriten? Ihn zu managen gelingt jenen Völkern am besten, die Überwachungsstaaten bewohnen.

Traditionell regierte Demokratien kopieren das totalitäre Management der Überwachungskapitalisten Asiens. Ihr Schwur: Das sei vorübergehend. Es zeigt sich jedoch: Ob es einen Rückweg daraus gibt, ist ungewiss. Die Überraschung in Deutschland: Der Überwachungsstaat macht verängstigte Bürger sicher.

Das Virus ist staatenlos. Es bringt ein Chaospotenzial mit, das Bändigung erfordert – nur wie?

Gleichmacher über allen Systemen

Er ist ein Diktator. Hat alle Diktatoren und deren Gegner gegen sich. Eint er sie? Nur im ersten Moment. Er trennt sie auch. Er liefert das nie Gesehene und nie Gehörte, das nie Angefasste: ein Weltmachtprofil neuen Stils. Hat globale Macht am Ende ganz andere Bedingungen, als wir dachten?

SARS-CoV-2 beherrscht den Globus spielend und unsichtbar. Aber keiner zweifelt an seiner Macht. Alle fliehen.

Alle Völker arbeiten an Fluchtstrategien. Alle Völker beklagen Tote.

Niemand kann das Design seines Talents zur Weltherrschaft im Einzelnen beschreiben. Nur eines wissen alle: Er muss nicht kämpfen, um zu erobern. Er arbeitet per Invasion. Nicht in unsere Güter, sondern in unser Fleisch und Blut. Was SARS-CoV-2 praktiziert, ist virtueller Imperialismus. Alle Weltmachtkandidaten werden seine Söldner.

Das Virus agiert verschlüsselt

Die Kämpfer in der Wissenschaft kennen ein paar Verwandte von ihm, aber keiner war so erfolgreich beim Überfliegen aller Staatsgrenzen, der Meere und Klimazonen, keiner blieb lange erfolgreich, ohne eine einzige Sprache jener sehr verschiedenen Kulturen zu sprechen, die er besetzte – und aus dem Takt brachte.

Die Wissenschaftler gaben ihm einen Namen, ohne mehr als seinen Stammbaum zu kennen: Was er bei seiner Invasion bewirkt, nennen wir seither »Covid-19«. Als Imperialist besetzt er nicht einfach die Länder und Städte dieser Erde; er besetzt unser Inneres, er kommuniziert mit unseren Zellen, denen wir nicht einfach den Umgang mit ihm verbieten können. Wir wissen selbst nur ungenau, welche Take-over-Prozesse er in unseren Zellen in Gang setzt, ehe er sich als Sieger verabschiedet und den nächsten Organismus auswählt. Überall ein ungebetener Gast.

Ein unbeschwerter Reisender, der keine Werte kennt und nirgends Konsens suchen muss. Außer mit unseren Zellen, die er zu Gefangenen seines Programms macht, schließt er keine Bündnisse. Und auch diese nur auf Zeit.

Massenmedium und Powerplayer

Das Virus ist ein Massenmedium neuen Zuschnitts. Müsste, wer Covid-19 zerstören will, ihm ähnlich werden? Genau das haben die hoch entwickelten Staaten versucht: Sie zerstören ihren Kosmos und ihre Kultur, um das Virus zu entmachten.

Ein Opfer in archaischer Panik. **Nicht das Virus hinterlässt eine Spur der Verwüstung, sondern der Amoklauf der Kulturen, die es durchreist hat, zerstört deren Ressourcen.** Die große Kränkung der mächtigen Zivilisationen, die SARS-CoV-2 ausgelöst hat, führt zu dem folgenschwersten Irrtum des Jahrhunderts. **Selbstzerstörung** ist ein Fluchtversuch ohne die schärfste Waffe, die bei den freien Völkern niemand ins Feld zu führen wagte: die Würde. Die »Unantastbare«, wie es in Artikel 1 des Grundgesetzes heißt. Warum? Davon handelt dieses Buch.

Der Kampf gegen den Gleichmacher macht die Nationen nicht gleich, sondern zurrt ihre Verschiedenheiten fest. Was sie technisch, sozial und wissenschaftlich können, hält sie ungleich.

Die Antwort der Nationen: Globale Kapitulation

Warum diese suizidale Überreaktion? SARS-CoV-2 war nicht so anders als seine Vorgänger, nur schneller.[2] Covid-19 war nicht zu stoppen. Oder warum stoppte es keiner am Anfang? Covid-19 errichtete ein Weltreich in wenigen Monaten.

Ausbremsen ging nicht, also abbremsen, so entschieden die medizinisch ehrgeizigen Nationen. Ganz vorn unter ihnen: Deutschland.

Die Dämonisierung
des Virus

Dem vierfachen Erfolgsentwurf der Evolution, dem Krokodil, mitten im digitalen Klimatraum wiederzubegegnen, verstört uns. Was die wenigsten wissen: Es sitzt in unserem Reptilhirn und verbündet sich mit der Götterwelt der Urgeschichte, sprachlos und emotionsstark. Coronas Auftritt mitten unter uns, vor allem sein Erfolgsflug um den Globus, ist deshalb die elementare Kränkung, die uns zurückwirft hinter alle Errungenschaften, mit denen wir uns als Brain-Kings über die Natur erhoben und von ihr verabschiedet hatten.

Das Virus ist Natur in ihrer dämonischen Form

Unsere Flucht, die im Januar 2020 begann, kann nur in die wahrgenommene Richtung führen: archaisch und animistisch, ja buchstäblich kindlich empört entscheiden wir uns für die Spontanreaktion, um den Machtverlust auszugleichen: Wir dämonisieren das Virus. Vor allem die Menschen mit Macht, die Regierenden, ergreifen diese Fluchtmöglichkeit. Sie erlaubt beides: Bändigung des eigenen Erschreckens und Domestizierung der Bürger, deren Unterwerfungsbereitschaft nicht dem Virus gelten soll, sondern den Maßnahmen, die die politisch Verantwortlichen im Staat treffen.

Warum die Dämonisierung des Virus?

Das Virus, so die aktuell politisch Verantwortlichen, ertappt uns auf Lücken unserer Überlegenheit. Die Sorge: Der machtvoll nach vorn drängende chinesische Rivale könnte uns bloßstellen wegen fehlender medizinischer Ressourcen. Planwirtschaftler gegen Marktwirtschaftler: ein ungleicher Kampf. Aber die Dämonisierung des Virus durch die westliche Welt hat noch mehr Gründe.

Die Dämonisierung eines Krankheitserregers ist eine Vorsorgeaktion im Umgang mit Schutzbefohlenen. Die Botschaft: Bitte gehorchen, wenn wir demnächst Verhaltensregeln liefern. Dämonisierung schenkt Zeit. Das Virus kommt aus der Machtsphäre des globalen Aufsteigers und Systemfeindes China. Legenden laufen mit. Verschwörungstheoretiker liefern Varianten.

Zeit wird aber auch benötigt, um erhoffte Wissensgewinne abzuwarten – und um Verbündete aus der Wissenschaft zu gewinnen, die mehr über das Profil des elektronenmikroskopisch kleinen Weltherrschers wissen, der alle Mächtigen in Schach zu halten scheint.

Dämonisierung erlaubt es auch, den schutzbefohlenen Bürgern Begründungen für weitere Verzögerungen in der

Kommunikation zu liefern: Ein Erreger, der krank macht, so die Regierungsnachricht, sollte auf ein hoch entwickeltes Gesundheitssystem treffen. Das fehlte. Also *Worst-case*-Szenario für die Bevölkerung: Es geht um Leben und Tod. Für die deutsche Regierung war die Kardinalfrage ein *déjà-vu*: Deutsche Vortrefflichkeit auf dem Prüfstand, hieß die Diagnose. Platz eins schien im Umgang mit dem Unbekannten nach 15 Jahren Merkel ein Gewohnheitsrecht.

SARS-CoV-2, der große Unbekannte, konnte nicht anders als übermenschengroß beschrieben werden, vor allem, weil man so wenig von ihm wusste. Dieser Wissensleerraum wurde sofort genutzt: Ein übermächtiger Bedroher reise Land für Land um den Globus. Tote und Schwerkranke säumten seinen Schlachtweg.

Niemand wusste genau, ob SARS-CoV-2 gefährlicher oder weniger gefährlich sei als die Corona-Viren der jüngst erforschten Epidemien. Besonders eine Eigenschaft von SARS-CoV-2 wurde handlungstreibend für die westliche Welt: sein Verbreitungstempo.

Bald sprach man von einer Pandemie. Der Erreger war hoch ansteckend von Mensch zu Mensch unterwegs. Es war diese Eigenschaft, nicht die viel diskutierte Tödlichkeit seiner Wirkung bei älteren Menschen und Vorerkrankten, die der Politik nach einigen Wochen geeignet schien, um die Planierung der gesamten Industriekultur gegenüber ihren Schutzbefohlenen, den Bürgern, zu vertreten und per Notstandsrecht durchzusetzen.

Eine Generalprobe für das Aushebeln des Grundgesetzes hatte die Kanzlerin schon 2011 inszeniert, als sie Multivertragsbrüche in Eigenregie, ohne gesichertes Parlamentsmandat, für den Start in die sogenannte Energiewende benutzte. Den

»Notstand« sollte damals das ferne Fukushima liefern, Monate nach dem Tsunami.[3]

Die Dämonisierung des Virus war unentbehrlich für die Politik, um den Spitzenplatz im Corona-Management zu erreichen. Das Haupttalent des Virus, seine Übertragungspower von Mensch zu Mensch, musste gebremst werden, um das deutsche Gesundheitssystem zu einer staatsweit verzweigten Gesundheitsarena aufzurüsten, die beliebige *Worst-case*-Szenarien mit Zigtausenden lebensrettenden Intensivbetten und Beatmungsgeräten bereithalten würde. Die Seuche entschleunigen und zugleich die Herdenimmunität für die Jahre vorbereiten, die ohne passgenaues Medikament und ohne Impfstoff zu überstehen sein würden – das wurde der unterdrückte Widerspruch, dem ein Passwort den Boden entziehen müsste. Die Gleichung »Pandemie verlangsamen, Ansteckung immer seltener machen, die Kurve mit den Fallzahlen abflachen«, musste unserer hochdifferenzierten Gesellschaft als alternativlos vermittelt werden.

Gesucht wurde ein Passwort, das den Widerstand aller auf die potenzielle Opferseite zusammengetriebenen Gruppen meta-moralisch mattsetzen würde. Die erzwungene Mitwirkung in einem Groß-Experiment ohne Probelauf und ohne Beispiel in der Geschichte brauchte so etwas wie einen ethischen Totschläger gegen alle Einwände der Staatsrechtler, der Ökonomen, der Theologen, der Pädagogen, der Psychologen und der Philosophen – und der Nachdenklichen unter den Politikern.

Das Passwort, das sie alle mundtot machen würde, musste jeden Zweifler am Sinn der geplanten Strategie blitzschnell ohne Debatte an die Wand stellen: Jeder, dem das fragile deutsche Meinungsklima bekannt ist, würde sich hüten, dem imponierenden Bündnis von Politik und Wissenschaft zu widersprechen, das mit einem ethisch explosiven Passwort die zentralen Grundrechte zu einem fallenden Dominostein machte.

Weil die versprochene Ausbremsung des menschenfressenden Virus einen so hohen, von uns allen bis dahin nie gezahlten Preis hatte, gab es kein Entrinnen für Einzelne oder Gruppen vor dem »Mission Statement«,[4] das die politmedizinische Lobby nun präsentierte. Dieses Mission Statement programmierte eine Fesselung der gesamten demokratischen Communities der freien Welt an einen fiktiven *worst case* – und verpasste die optimale Lösung.

Der Schlachtruf »Wir retten Leben!« würde jeden Zweifel stumm schalten. »Lebensschutz« als »Gesundheitsschutz«, Turbo-Aufrüstung des Gesundheitssystems für nie gesehene Zahlen von lebensbedrohlich Erkrankten, Erregerpotenzial unbekannt, politische Verantwortung spektakulär steil anwachsend, inkommensurabel: Das *Worst-case*-Szenario war eine kühne Überschätzung der Bedrohlichkeit der Infektion[5] – eine Überschätzung, die an früheren Lande- und Durchzugsrouten des Virus bereits kriegsähnliche Verwüstungen hinterlassen hatte. Der Geburtsort des Virus, China, zeigte wenig Auskunftslaune; angstvolle Nachfragen brachten defensive Reaktionen.

Für die politisch verantwortlichen Fighter in Deutschland stand auf Platz eins in der Rangordnung der Ziele die bekannte Überfliegermentalität: Die Ersten, Besten, Schnellsten zu sein hat Traumadeutschland bei den Megatrends Euro, Klima und Migration bereits als Trigger für exponiertes Krisenmanagement genutzt.

Beim Corona-Management landet Deutschland völlig unerwartet und unvorbereitet im Zentrum eigener dämonischer Traditionslasten: Jetzt muss das Motto »Wir retten Leben«

Klartext liefern: »Wir schützen das Leben um jeden, auch um den nie gezahlten Preis, der jetzt fällig wird«.

Psychologisch gesehen, folgt Deutschland der Einschränkung seiner Grundrechte willig, ja mit verhaltener Leidenschaft für den geleisteten Verzicht, weil die Stunde der großen Entschuldung gekommen scheint. Die Erlösung vom kollektiven Trauma steht am Horizont.[6] Fast ein Jahrhundert trennt den Ausnahmezustand von 2020 von der schwersten Entgleisung der Nation, die einen Diktator nicht erkannte. Und wieder wählen die Deutschen das Risiko. Wieder liefern sie den Staat, ihre *res publica,* der Politik aus, die entschlossen zugreift – um Leben zu retten, heißt es diesmal. In großen Augenblicken ihrer Geschichte verfehlen die Deutschen das rechte Maß. Heute in der Gewissheit, auf der Seite des Guten zu stehen. Das maßlos Gute lockt.

Der Ausstieg aus dem Weltkriegstrauma führt, wie jene globale Verwüstung unter deutscher Führung, in ein neues Geschichtskapitel, nun mit umgekehrten Vorzeichen: Leben retten statt vernichten – und mehr. Der Abschied von Artikel 1 des Grundgesetzes[7] im Namen eines Grundrechts auf Leben öffnet erneut zwei Optionen: Co-Player der aufsteigenden Spieler im weltumspannenden Überwachungskapitalismus zu werden – oder, geschockt vom Opfer der eigenen Lebensgrundlagen als Kulturnation, in der neuen polarisierten Welt das Menschenrecht der unantastbaren Würde zu verteidigen.

Weltmacht Würde – Das einsame Solo der deutschen Verfassung

»Die Würde des Menschen ist unantastbar. Sie zu achten und zu schützen ist Verpflichtung aller staatlichen Gewalt.«

So klingt das Solo unter den westlichen Verfassungen: Platz eins für die Würde, die Schutzmacht gegen öffentliche Gewalt.

Unter dem Schutzschild der Menschenwürde sollte es niemals wieder möglich sein, den Entzug der Grundrechte staatlich zu legalisieren.

Niemals wieder? Das demütige Solo der deutschen Verfassung nach dem Weltenbrand, den Deutschland als Brandbeschleuniger angefacht hatte, legt Zeugnis ab: »Wir haben verstanden«, so wollte dieses Gelöbnis am Neustart einer traumabeladenen Nation den Verbündeten einer transatlantischen Zukunft sagen, und wir schützen uns vor unserem gefährlichsten Handicap: der autoritären Versuchung.

Die Unantastbarkeit der Würde ist nicht ein Konstrukt aus Goodwill von Kriegskindern und Autoritäten aus zweitausend Jahren der Annäherung unserer Vordenker an den modernen Hoch- und Kleinmut des *homo sapiens* auf der Epochenfuge einer weiterbrennenden Welt. Die Würde des Menschen, so wussten die Mütter und Väter des Grundgesetzes im zertrümmerten Europa, liegt in seiner Verletzlichkeit. Verwundbar ist er vor allem durch staatliche Gewalt, die sein Vertrauen und seine Loyalität verletzen könnte.

Die unantastbare Würde ist auch ein Rechtsanspruch des Bürgers

Die »Verpflichtung *aller* staatlichen Gewalt«, nicht irgendeiner, ist auch Echo dieses Anspruchs. *Homo sapiens*, im selbstgewissen Aufbruch in eine digitale Mutation mit neuen selbst gebauten virtuellen Partnern unterwegs, bleibt ein schicksalsempfindliches Wesen.

Seine Verwundbarkeit ist aber gewachsen, seit der Staat seine Bürger unerwartet auf die Probe stellt, mit dem Stichwort CORONA, ohne die Stunde der unantastbaren Würde auszurufen: Wann, wenn nicht jetzt, im Abwehrkampf gegen einen mächtigen Welteroberer ohne menschliches Antlitz, schlüge die Stunde der Würde?

Sollte das deutsche Solo im Konzert der Verfassungen, mit denen die westlichen Kulturen leben, »Die Würde des Menschen ist unantastbar«, in Zeiten der kollektiven Belastungsprobe durch die Pandemie verstummen? Kann es sein, dass der Ausbau eines Gesundheitssystems automatisch zur Degradierung der Hüterin aller Grundrechte führt? Die Pandemie-Strategie des deutschen Teams präsentierte ihr Motto mit den Zielen »Lebensschutz/Gesundheit«. Der öffentlich vorgetragene Slogan lautete: »Wir retten Leben.«

Erst mal das Leben retten, dann machen Gedanken über »Würde« Sinn? Diese Neuordnung in der Rangordnung ist offenkundig nicht das Zielgebiet der Retter. Die Würde hat einfach Generalpause. Da wir aber wissen, dass ihr niemand, auch keine staatliche Gewalt, eine Auszeit verordnen kann, weil die Würde in keiner noch so bedrohten Lage den Menschen verlässt, wäre ein anderes Schlüsselwort zum Start in die Virusschlacht zielsicherer und für alle Betroffenen zustimmungssicher gewesen. Dass es um den höchsten Verfassungswert, die Würde, geht, wenn wir unerfahren einem schwer einschätzbaren Aggressor ausgeliefert sind, der unsichtbar, undercover als virtueller Tarnkappenbomber agiert, kann niemand bezweifeln, der verhindern will, was uns jetzt entzweit.

Dass wir in Handelnde und Behandelte gespalten leben müssen, geschüttelt in Rollenwechseln, schwächt unsere Entschlossenheit, unser Bestes zu geben. Das aber ist nicht die untrennbar bei uns verweilende Würde, deren Unantastbarkeit wir immer lauter von den Gesundheitsmanagern zurückfordern.

Die Würde ist ein Wächteramt, das beide, Bürger und staatliche Gewalt, zum erfolgreichen Umgang mit Herausforderungen anleitet. Die Seniorin, die ihren Enkel streicheln will, beruft sich nicht auf das Rechtsgut, das ihre Würde darstellt, aber auf dessen Unantastbarkeit.

Der Schüler, der seinem Freund die Hand auf die Schulter legen möchte, ist nicht zu vertrösten auf eine weit hinter dem Jetzt liegende Zukunft, weil er schon viele Monate schmerzlicher jüngster Vergangenheit in seinem angefangenen Leben zu betrauern hat.

Herausforderungen seien doch aber die Großentscheidungen, bei denen niemandem die Würde von Tätern und Opfern einfallen könne, meinen Gesundheits- und Lebensschutz-Strategen in ihrer Erschöpfung. »Es geht um DEINE Würde genauso wie um die des blockierten Krebspatienten, der leere Covid-19-Betten frei halten soll«, können wir ihm antworten. Es geht um die Korrektur von Entscheidungsideen und um die Dämpfung von Radikalität bei strukturvernichtenden und systemzertrümmernden Augenblicksgeboten, deren Sprengkraft im Lichte der Würde rechtzeitig erkannt würde.

Wer am Start in das Gesundheitsmanagement das Zielfernrohr auf »unantastbare Würde« gerichtet hätte, der hätte das Konzept, Gesundheitsschutz durch verordnete Eingriffe in die unantastbare Würde von »Risikogruppen« zu betreiben, nicht akzeptieren können. Der bundesweite Slogan zur »Alltagsmaske« als kollektive Kleiderordnung propagierte die Maske als eine altruistische Spendenaktion aller für alle: »Ich schütze vor allem DICH!«

Die Würde wird in der Abstandsgesellschaft ins Inkognito geschickt wie ein Luxusgut, das auf dem sparsam gedeckten Tisch einer Notgemeinschaft unziemlich funkeln würde. Beurlaubt durch Führungsschweigen, wird die Würde als vornehmstes Recht der Corona-Zöglinge, die wir geworden sind, ausgewaschen. Aber die Würde lebt, und ihre Zulassung im Bewusstsein der Krisenmanager hätte die Schadensbilanz des Katastrophenmanagements deutlich verbessert.

Das Abschalten aller Wohlstandsgeneratoren als Rettungswerk zu präsentieren, kann selbst unter Verweigerern der deutschen Verfassungsbindung nicht zustimmungsfähig bleiben. Wer auf die Würde der Millionen von Verlierern dieser operativen Bilanz des Corona-Managements schaut, sieht die stillgelegten Potenziale der Millionen Pandemie-Zeitgenossen, deren Würde plötzlich in Quarantäne gelegt wurde.

Im Namen ihrer Würde als unantastbare Wesen angesprochen, als Würdewesen in einem Konflikt mit unbändiger Natur, hätten die Menschen ihr Potenzial nicht nur gehorsam und unterwürfig, sondern mit kühlem Realismus in die Strategie der Pandemie-Teams eingespeist. Als Träger ihrer Würde sind Menschen entschieden einsichtig im Abstandsspiel, aber realistisch im Blick auf Zusammenhänge, die zwischen labiler Gesundheit und Erregern neuer Infekte gelten. Einsperren und Aussperren dagegen sind autoritäre Akte, die »antasten«, statt einzuladen.

Wir alle sind würdige Partner im Wettlauf um zumutbare Vernunft, aber nie ohne bei der Würde um Erlaubnis anzuklopfen.

Den totalen Kreislaufstillstand einer Kultur zu inszenieren, um ein unbesiegbares Virus länger im Land zu behalten, damit Zeit gewonnen wird, ist als Tiefschlag gegen die unantastbare Würde aller und schon als Anfängerfehler so gut wie unentschuldbar. Die Lockdowner werden wohl nie erklären müssen, was wir zur Debatte stellen: woher sie die Lizenz genommen haben, die zivilisierte Reise des *homo sapiens* in die moderne Wohlstandsgeschichte mit dem ganz großen Hammer dem Erdboden gleichzumachen.

Was war da falsch gelaufen, am Start des auf Gesundheitsmanagement und Schutz an der Lebensgrenze fokussierten viropolitischen Teams, obwohl es doch um viel mehr ging als um Sterbestoppversuche, soziale Isolation aller gegen alle und ein neues Kleidungsstück, das Lächeln überflüssig, weil vergeblich macht?

Weltmacht Würde – Generalpause für die Unantastbare?

Das Codewort »Würde« hätte das Corona-Management der freien Staaten mächtiger gemacht, als es die Fokussierung auf »Lebensschutz/Gesundheit« vermag. Wer die Würde aller Mitglieder des Gemeinwesens handlungsleitend macht, wie es die deutsche Verfassung tut, der wird »Lebensschutz« und »Gesundheit« in der kollektiven Bedrohung nicht isolieren können vom Auftrag des Grundrechtskatalogs: Leben und Gesundheit zu schützen gehört zu den vornehmsten Aufträgen, die im Namen der Würde aller Bürger gelten, der gesunden wie der kranken, der Sieger wie der Unterlegenen, der jungen wie der alten, der mutigen wie der verzagten. Die Corona-Politiker aber haben sich zusammen mit den Beratern aus der Medizin entschieden, Gesundheit und Leben aus dem Schutz der höchsten Instanz, der Würde aller Menschen, herauszulösen. Nur so glaubten sie wohl, Handlungsfreiheit im besten Sinne als Notlagenmanager zu erlangen.

Die Würde auf der Verliererstraße: Geht globales Corona-Management nur ohne sie?

Die Göttin »Würde«, deren schützender Flügel alle, auch die vermeintlichen Herren des Corona-Krisenmanagements, schützt und verpflichtet, wird im Grundgesetz die »Unantastbare« genannt. Vermutlich daher der frühe Abstandswunsch der unerfahrenen Corona-Manager: Sie ahnten wohl bereits, mit einem Blick nach China, dass die zentrale Statusmeldung der westlichen Menschheit, ihr Krisenmanagement werde ein Mission Statement wählen, das eine virtuelle Größe in den Mittelpunkt stellt, die unantastbare Menschenwürde, bei Überwachungsmanagern schlecht ankommen würde. Global verbunden durch die Viruskrise, wollte man die Partner der ersten Stunde, Virusvirtuosen aus mehrfachen Pandemien, offenbar nicht überfordern. Der Durchgriff auf Grundrechte ließ sich scheinbar verfassungskonform begründen; die Unsicherheit der Bürger garantierte Folgsamkeit. Niemand, genauer gesagt: fast niemand[8] verlangte nach der Würde als Schutzmacht.

Genau diese überlegene Macht, die von der Würde anderer auf die Corona-Manager überginge, hätte viel mehr Gerechtigkeit erlaubt. Das sorgsame Marketing der Spaltung wird völlig überflüssig, wenn alle wissen, meine Würde darf nicht angetastet werden. Die Heilung eines Covid-19-Kranken wird nicht durch den Entzug meiner Grundrechte sicherer. Hätten wir so begonnen, wäre es weder zur Megafehlplanung von Bettenzahlen noch zum Hilfe-Entzug für »Normalkranke« zugunsten vermuteter Covid-19-Patienten gekommen. Alle hätten die erforderliche medizinische Behandlung bekommen. Unkorrigierbare Vertrauensverluste zwischen Bürgern und Staat wären nie entstanden.

Die Spaltung in Täter und Opfer nicht zulassen

Wer die Kette der sogenannten »Maßnahmen« durchgeht, um die Verlustbilanz der Würde auf allen Seiten zu schreiben, der findet schmerzlich Angetastete überall – bei den »Herren« des Geschehens wie bei denen, die so viel von ihrem Lebensrest verlieren, als könnte es kein besseres Konzept für die Würde anderer geben als den Entzug ihrer eigenen Würde, die doch unantastbar sein sollte.

Der Shutdown wäre im Lichte unseres klaren Wissens um die unantastbare Würde aller nicht als verfügbare Lösung verstanden worden. Der Generalangriff auf die schutzlose, aber doch unantastbar gestellte Würde unserer Kinder zeugt von derselben Tollkühnheit im Umgang mit der Rangordnung der Gefahren und der Rangfolge der Werte, die uns auch nach Corona vor Irrtümern über unser Glück schützen müssten.

Der Lockdown im Gefolge planwirtschaftlich reduzierter Weltbilder unserer chinesischen Vorbilder beim Corona-Management hätte parlamentarisch einen Vorsturm im Namen der Würde gebraucht, um überflüssig zu werden.

Wir hätten, richtig informiert, nie erlaubt, was geschah: Der Staat legt seine Bürger in Fesseln, um ein Projekt zu verfolgen, das größer ist als ihre Grundrechte und hochwertiger als ihre Würde? Ein Projekt, das obendrein die Zerstörung unserer Leistungs- und Glückskultur bedeutet?

Nie mehr Quarantäne für die Würde

Unsere Kernfrage für morgen und übermorgen lautet: Können wir uns, als *global player*, die unantastbare Würde nicht mehr leisten?

Wenn die unantastbare Würde in Quarantäne geschickt werden soll, weil wir eben dabei sind, unsere Existenzgrundlagen als Gesellschaft, als Volkswirtschaft und als Nation zu opfern und den Einspruch der Unantastbaren dabei nicht brauchen können, dann bleibt nur eins: Am Beispiel aller hier gezeigten machtvollen Korrekturen von überschießendem

Krisenmanagement durch den Primat der Würde aller, der Mächtigen wie der Ohnmächtigen, bleibt nur die Einsicht, dass wir unsere Krisenkompetenz für morgen und übermorgen neu miteinander abstimmen müssen. Wir müssen neu verhandeln, was wir verstanden haben sollten: Es ist unser Menschenbild, auch unser Bild von uns selbst, das uns unverwundbar macht, wenn wir nicht zu löschen versuchen, was die Philosophen »Hintergrundserfüllung« nennen, die uns unverwundbar macht, weil wir wissen: Unsere Würde ist unantastbar.

Wir müssen wieder lernen, unsere Würde zu verteidigen

Ihre Macht sichert uns die Unantastbarkeit, die jeder Angreifer uns nehmen will: das Virus, aber auch jene, die als unsere Retter auftreten.

Das Corona-Management versprach uns nicht, was uns zusteht, sondern machte ein Spaltungsangebot: Wenn du die Würde der Alten, der Kinder, der Schwachen schützen willst, dann zahlst du mit deiner Würde. Wir sperren dich ein. Wir verschenken deine Würde an andere. Wir gebieten, verbieten und strafen. Und die Bürger liefern.

Das Mission Statement der Corona-Manager: Gesundheit und Lebensschutz

Das deutsche Corona-Management geht, so klingt die Botschaft, unschlagbar in die Virusschlacht. Das Mission Statement »Lebensschutz«, flankiert vom kraftvollen Schlachtruf »Wir retten Leben«, lieferte jeden Zweifler dem Verdacht aus, das kühne Ziel »Gesundheit«, das dem Erreger den Zugang zu wehrlosen Opfern abschneiden solle, nicht absolut setzen zu wollen.

Schon die ersten Grundrechtseingriffe der Politik wurden im Namen des Credos »Lebensschutz« verfassungsrechtlich freigestellt. Gefährdete Personengruppen von weniger gefährdeten zu unterscheiden schien von nun an wissenschaftlich und rechtsstaatlich unanfechtbar. Die volksnahe Programmatik war leicht vermittelbar: Das Virus abbremsen, um Zeit zu gewinnen. Entschleunigter Durchzug von SARS-CoV-2, professioneller bald von jedermann und jederfrau als »Abflachen der Kurve« beschrieben, sollte einen Innovationsschub für die Intensivmedizin und die Beatmungstechnik bringen und die Zahl der Krankenhausbetten landesweit mit Zeit und Geld und geschultem Personal auf den höchsten Stand der deutschen Geschichte bringen. Die Gleichung klang schlicht, und das Motto »Lebensschutz/Gesundheit« für alle, die von Corona bedroht sind, passte in den Katalog deutscher Vortrefflichkeiten, wo seit der Eurorettung über die Verstaatlichung der Energiewirtschaft bis zur Willkommenskultur und zum weltweiten Klimaschutz in Sonderrollen deutscher Tüchtigkeit und ethischer Überlegenheit gedacht und gehandelt wurde.

Die Politik, im Bündnis mit den zuständigen Fachwissenschaftlern aus Virologie und Epidemiologie, erkennt schnell, dass sie vor allem einen Widerspruch managen muss, der sich genauso den Forschern stellt: höchste Eile, das Bedrohungspotential des Virus zu erkennen, um entsprechend handeln zu können. Aus diesem Eilbedarf folgt unmittelbar der Druck zum Zeitgewinn. Zeit gewinnen, um vier Ziele zu erreichen, und das möglichst schnell:

Erstens die Gefährdung durch das Virus genauer definieren zu können im Interesse aller: der schutzbefohlenen Bürger, der ergebnisorientierten Forscher und der handlungspflichtigen Politiker. SARS-CoV-2 muss gemanagt werden, ehe man sein Profil genauer kennt.

Zweitens: Das Medizinsystem in Deutschland muss für ein *Worst-case*-Szenario aufgerüstet werden, das die Tödlichkeit des Virus auf Rang eins setzt und damit Spezialgeräte in nie gekanntem Umfang in nie gekannter Eile heranzuschaffen gebietet.

Drittens schließlich: Um die Zeit zu gewinnen, die das hoch ansteckende, global erfolgreiche Virus offenbar nicht liefert, müssen Maßnahmen erfunden werden, die das Virus entschleunigen. Weniger Infizierte pro Minute, pro Stunde, pro Tag, pro Wohnquartier bedeuten weniger Nachfrage im Hightech-Medizinbetrieb. Auch weniger konventionelle Nachfrage in allen Sparten der Klinikmedizin und weniger Patienten in Wartezimmern der Arztpraxen bedeuten Umverteilungsspielraum: Akute Covid-19-Patienten erhalten ohne Parlamentsvorbehalt der Politik und mit Zustimmung der Fachwissenschaftler des beratenden Staatsinstituts Priorität in allen Sparten der Medizin.

Der Erreger erhält alle Privilegien im System Medizin. Er hat überall Rang eins

Hauptargument: weil wir sein Potenzial nicht kennen. *Worst-case*-Szenario, um auch im ernstesten der denkbaren Ernstfälle nicht hinter der Realität zu landen.

Viertens geht es um die Mitnahme der nicht oder noch nicht Infizierten, die Mitwirkende im Virus-Bremsprojekt werden sollen. Den Siegeslauf von SARS-CoV-2 zu verlangsamen wird für die Bürger einen nie gekannten Eingriff in ihre Grundrechte erfordern. Die Menschen im Staat als Mitspieler in diesem Experiment zu gewinnen wird nur über eine Begründung möglich sein, die ihre grundrechtlichen, ethischen und metaphysischen Argumente pauschal mattsetzt.

Dass das über die extrem triviale Begründung funktionieren könnte, der Gesundheitsminister brauche Zeit, das Gesundheitssystem virustauglich auszubauen, überrascht nur auf den ersten Blick. Das *Worst-case*-Modell, Hunderttausende Covid-19-Tote, verbunden mit dem steilen Anspruch der

Lobby aus Spezialmedizin und Politik »Wir retten Leben«, verwies jede noch so bescheidene Rückfrage ins Land von Eigennutz und Solidaritätsverweigerung. Weil diese Waffen vorgezeigt wurden: »Gestorben wird hunderttausendfach, wenn du deine Grundrechte umklammerst, als gehörten sie dir«, wurde der Weg frei gemacht für ein schlichtes Ergebnis, wie ex post – also wenig später, nämlich heute schon –, ersichtlich ist, das weder gut noch gerecht, noch verfassungskonform, noch zumutbar für alle statt für wenige ist. Ein Ergebnis, das unermessliche Verluste auf allen Sektoren unseres Lebens und Leistens, unserer ökonomischen und geistigen Sicherheit, unseres mentalen und psychischen Gleichgewichts, ja auch unserer Friedfertigkeit und unseres wechselseitigen Wohlwollens und unserer kostbarsten Träume gebracht hat, sodass niemand zu hoch greift, der heute sagt: Unser Land hat Schaden genommen an seiner Seele. Wir alle haben Schaden genommen an unserer Seele.

Das Mission Statement von Politik und Virologen, von dem in Kapitel eins der Virusschlacht alle Straßen widerhallten, hieß: »Lebensschutz. Gesundheitsschutz. Wir retten Leben.«

Wie konnte eine solche Verkürzung der Sicht auf uns selbst, unsere Rechte und unser Grundvertrauen, unsere psychische Gesundheit die meisten von uns als Mitspieler gewinnen?

Dass wir die Steigerungsstufen des Umgangs mit unseren Grundrechten von den in ihnen eingeschläferten Werten damals, im Frühjahr 2020, noch nicht kannten, reicht als Erklärung nicht aus. Es gibt andere Erklärungen.

So überraschend es klingt: Die Gefühlslage der Deutschen bei der Corona-Zähmung gleicht jener von 2015 bei der Willkommenskultur. Es ist dieselbe Mischung von Ängsten und Erwartungsfieber, die der Staat zu managen sich zutraut. Damals: Ängste vor dem Ansturm der Unbekannten, die den eigenen Lebensraum beschneiden könnten. Regierungs-programm: Festival an allen Anlaufstellen für die Fremden. Plüschtiere gegen Xenophobie.

Im Corona-Kapitel tritt der Staat erneut in der bewähr-ten Doppelrolle auf: als Befehlshaber mit bisher unbekannter Wucht und als Beschützer vor dem Fremden, Corona, das die eigene Unversehrtheit bedroht.

Der Staat entlastet durch Befehle.
Er schluckt Bürgerverantwortung

Der Kernbefehl wird jedem klar: Den Staat beim Lebenret-ten nicht stören. Die Machthoheit der wissenschaftsgestütz-ten Regierung als Faktum anerkennen und zur Folgsamkeit bereit sein. Dafür gibt es immerhin: Entlastung von Eigenver-antwortung. Auch dort, wo wir sie gern selbst tragen würden. Diese großzügige Erlaubnis kommt erst viel später wieder, und sie klingt dann eher bedrohlich, wie eine Zumutung. So schnell gewöhnten wir uns an ihren Verlust.

So entstand in Deutschland ein Mission Statement, das ge-eignet war, eine beunruhigte Bevölkerung ruhigzustellen.

Die Code-Worte waren »Lebensschutz«
und »Gesundheit«

Covid-19, den unbekannten Erreger mit Weltmacht-Status mit Futterknappheit an die Leine legen, um die Versorgung seiner Opfer komfortabel vorbereiten zu können, das war die Strategie der deutschen Krisenregierung aus Politik und Virologie. Tägliche Bulletins hielten das brüchige Band zu den Bürgern. Der Kampf mit dem Drachen braucht die Dämonisierung des Ungeheuers, von dem kein Porträt geliefert werden kann, vor dem man sich real fürchten könnte. Vertrauen wird jetzt zur Forderung der Führenden. Wer die Erfolgsschneise des unsichtbaren Weltherrschers in den Medien verfolgt, ahnt das Kommende. Die Opferzahlen blieben über viele Wochen unsortiert: So wurde aus dem täglichen Schrecken der vorauseilende Gehorsam der Bürger.

Unerwünschte Fragen wurden lange nicht gestellt. Dass Covid-19, wie jedes Virus, aus jedem Handicap eines Infizierten eine tödliche Gefahr macht, war bald jedem Zeitgenossen klar.

Der Staat kassiert Grundrechte

Das Mission Statement »Lebensschutz« zeigt einen Staat, der uns plötzlich auf den Pelz rückt: Er lässt uns fühlen, dass wir unser Überleben nicht selbst organisieren können, seit es das Virus gibt. Der Staat übernimmt die Regie, er zeigt die Gewährsleute, und zwar täglich, die seinen steilen Anspruch an unseren Gehorsam verteidigen. Das Stichwort »Leben« wird im Schutz dieser Kronzeugen für die Magie des Virus zur schärfsten Waffe. Plötzlich geht es nicht mehr um Recht und Unrecht, um Meinungen, Meldungen, Berichte und Kommentare, sondern um die Voraussetzung für alles, was wir denken, tun und sind: das Leben selbst.

Wer Leben und Tod ins Spiel bringt, startet ein neues Spiel. Wer uns nicht irgendein Projekt vorstellt, sondern mit dem Satz »Wir retten Leben« auf die Bühne tritt, dem stellt man keine Fragen.

Ob es aber wirklich für jeden von uns um Leben und Tod gehen wird, verbietet sich daher schon als Frage. Die Frage wird ziemlich lange tabu bleiben. Es reicht, dass es für einige – wie viele sie sind, kann niemand im frühen Stadium der Virusjagd wissen – um Leben und Tod gehen wird.

Deshalb können sofort die Konditionen genannt werden: Es geht um Bremsaktionen gegen die Verbreitung des Virus. Wir wissen einstweilen wenig über dessen Angriffserfolge auf unser Leben. Was wir sicher wissen, ist seine Infektionspower. Es segelt mit unserer Atemluft zum nächsten Kandidaten, der sagt jemandem Guten Morgen oder reicht ihm die Hand – umarmt ihn gar: Schon tragen alle drei ganze Virenbündel an alle weiter, denen sie heute noch begegnen werden; und jene verbreiten unwissend das Virus weiter, potenzieren seine Macht. **Wer verstanden hat, gehorcht** – obwohl das Aktionsziel, Hightech-Bettenburgen zu schaffen, unzumutbar nüchtern daherkam – als Schauplatzbeschreibung der virtuellen Schlacht um Leben und Tod.

Die Kapitulation der Besten: Amoklauf oder Manifest einer neuen Religion?

Die schlummernde Dramatik des Mission Statements »Lebensschutz«, die das Wirken der Lebensschützer von Anbeginn begleitete, war den Lebensschützern eher nicht bewusst. Sie schauten nur in eine Richtung: zu den medizinisch gefährdeten potenziellen Covid-19-Opfern. Der »Lebensschutz« für die einen konnte auf Anhieb nur erreicht werden durch den Schutzentzug für die anderen. Schon der Appell, den Verzicht auf ärztliche Leistungen bei Patienten, Arztpraxen und Kliniken zugunsten eines Covid-19-zentrierten Medizinsystems mitzutragen, hat in wenigen Monaten dramatische Folgen entwickelt.

Die Abschaltung aller Leistungssysteme der Hochkulturen im neuen Opfer-Ritual des Lockdowns trug Züge eines programmatischen Rückzugs der führenden freien Nationen von der Weltkarte. Denn längst war der Lockdown Teil eines Rituals geworden, das mantraartig vorgetragen wurde: Opfer müssen gebracht werden, weil die Bedrohung so ungeheuerlich ist.

Falsches Codewort führt zur Selbstzerstörung demokratischer Systeme

Die Formel »Lebensschutz/Gesundheit« verändert die Rangordnung der Werte im Grundgesetz

Die Dramatik dieses coronabedingten Eingriffs in die Ordnung der Kernversprechen des Staates an seine Bürger entfaltete sich erst zögernd. Das wissenschaftliche Backing für eigentlich parlamentsbedürftige Umwertungen der kostbarsten Zusagen des Staates an seine Bürger funktionierte im Namen der deutschen Exzellenzorientierung überraschend reibungslos.

Die Wahl des zweitbesten Versprechens, Lebensschutz, hatte einen handfesten Grund: Sie schenkte den Corona-Managern beider Lager, der Medizin wie der Politik, mehr Handlungsspielräume als das Grundgesetz – zumindest auf den ersten Blick, ehe die dramatische Selbstschädigung manifest wurde.

Das staatsrechtlich höchste Gut, das die Corona-Manager nicht handlungsleitend machen wollten, die Würde, bringt allerdings eine robuste Immunlage mit, die Zugriffe wie die nun geplanten zum Wohle weniger ohne Zögern verwandelt hätte in Rettungsaktionen zum Wohle aller.

Warum die Würde aus dem Rennen fiel

Die Ausweichbewegung des medizinisch inspirierten Polit-managements galt den antastbaren Lebensfunktionen von Menschen in Systemen.

Systemoptimierung, Verabsolutierung eines einzelnen Systems, der Gesundheit, ließ sich leicht verkaufen unter dem Motto Lebensschutz/Gesundheit. Welcher Bürger hätte beides für sich verweigern wollen?

Das höhere Gut wurde ihm vorsichtshalber nicht angeboten: seine unantastbare Würde zu schützen, um jeden Preis, nur nicht unter Preisgabe der Würde anderer.

Ungleich sein beim Lebensschutz, das ließ sich ethisch als Premiumprodukt verkaufen, solange nicht konkret erlitten wurde, was das bedeuten könnte: Isolation, Abräumen von Grundrechten ohne zeitliches Limit, ethisch hochwertig argumentierte Gleichschaltung aller, in Verlustprogrammen ohne Erfolgsbeweis. Die unklar definierte Gefahr rechtfertigte auf Anhieb den Entzug ganzer Bündel von garantierten Verfassungsrechten.

Der Entlastungsversuch der politischen Führung beim Codewort »Lebensschutz« führte in ein Dilemma, das die Zerstörung der Lebensgrundlagen für das gesamte Gemeinwesen etwas später unausweichlich erscheinen ließ.

Wie konnte es zu diesem fundamentalen Irrtum kommen? Wann handeln Kulturen so entschlossen gegen ihr eigenes

Überlebensinteresse? Welcher Ausnahmezustand in den Köpfen führt zu der verhängnisvollen Fehleinschätzung der Regenerationsfähigkeit hochsensibel vernetzter Ressourcen, die den national und international erfolgreichen Umschlag der Kräfte mit dem Ziel Lebenskomfort und Wohlstand für alle garantieren?

Was veranlasst Hochkulturen, ihre Existenzgrundlagen zu zerstören, um einen »mäßig gefährlichen Feind« in die Schranken zu weisen?[9]
Das Virus war gar nicht dieser Räuber archaischen Zuschnitts, der unseren Besitz erobern wollte wie ein Heerführer mit schwer bewaffneten Truppen.

Die abenteuerliche Überreaktion auf das »mäßig gefährliche« Virus SARS-CoV-2[10] beim nächsten Angriff durch einen neuen Erreger zu wiederholen, werden uns nicht nur die materiellen Ressourcen fehlen.

Schon die Wahl eines untauglichen Codewortes schwächte unsere Witterung für den machtpolitischen Take-over, den gegnerische Systemlenker in der Kapitulation des ehemals überlegenen Westbündnisses der freien Staaten nun beginnen können.

Wann kommt die Würde zurück?
Wer heilt die verwundeten Seelen?

Warum schweigen die Lebensretter zur Würde? Immerhin ist sie die »Unantastbare«. Und weiter: »Sie zu achten und zu schützen ist Verpflichtung aller staatlichen Gewalt.«[11] Das gemischte Team der Lebensretter aus Virologie und Politik muss Gründe haben, das Motto für den selbst gewählten

Handlungsauftrag nicht ins Licht des Leitsterns der deutschen Verfassung zu stellen. Die »staatliche Gewalt« ist im Team vertreten. Sie kennt ihre »Verpflichtung«. Glaubt sie, die unantastbare Würde am besten »achten« und »schützen« zu können, wenn sie für ihre Mission einen Rang unterhalb des höchsten Gutes, der Würde, verkündet: »Lebensschutz/Gesundheit«?

Ist der Schutz des Lebens und der Gesundheit automatisch auch Schutz für die Würde der Menschen? Die Politiker im Team mussten wissen, dass sie als Follower der chinesisch programmierten Strategie im Umgang mit Menschen unter dem Angriff des Virus Grundrechte nicht nur antasten, sondern sozusagen in den Ausstand stellen würden. Sie wussten um die Machtfülle, auf die sie sich vorbereiteten. Warum dann ein eher zu tief in der Rangordnung angesetztes Codewort für die bedrohten Bürger, anstatt sich im Schatten der absoluten Schutzmacht »Würde« Rückendeckung zu holen?

Mied das Corona-Team die Schutzgöttin »Würde«, weil sie der operativen Machtfülle, die man anstrebte, eindeutige Grenzen setzen würde?

Sah das Corona-Team am Start, im Februar 2020, die Reichweite der Göttin »Würde« als ein Vetorecht gegen die expansiven Verfassungseingriffe, die im Gefolge der globalen Führungsmächte im Corona-Business unausweichlich schienen?

Dass es Spielräume für solche Eingriffe in die Grundrechte im Verfassungsrecht gibt, wurde vorsorglich diskutiert und kritisch begleitet. Die Debatte wirkte beruhigend. Die Unantastbare, allen diskutierten Werten als Hüterin übergeordnet, schwieg im kühlen Aufmerksamkeitsschatten.

Die Unantastbare überließ das Feld den Herolden des Antastbaren: Leben und Gesundheit

War das nur eine bescheiden gemeinte Wahl des Codewortes für Deutschlands Platz in der Kohorte der Follower der China-Strategie, die das Startsignal für den strategischen Umgang mit SARS-CoV-2 mit radikalem Zugriff gesetzt hatte? China zäunt eine Stadt ein, meldete die Weltpresse. China reagiert radikal, mit technischer Präzision ohne staatsphilosophisches Federlesen: Der Geburtsort des Virus, so die Botschaft, wird geschlossen. Aber das Virus reiste schon. Sein größtes Talent, die Ansteckungsintensität, öffnete ihm alle Kontinente.

Die deutsche Crew reagierte mit deutschen Tugenden: Equipment für Leben und Gesundheit stärken

Zeit gewinnen, um die Rettungsinseln gegen die Virus-Aggression im ganzen Land in Hightech-Pilotprojekte zu verwandeln. Mehr Betten, mehr Intensiv-Generatoren, mehr Beatmungsgeräte. Der Weltausschnitt, in dem man sich die Führung sichern wollte, entsprach dem Virologen-Segment im Universum der Wohlstandskulturen.

Die Würde, Kontrollinstanz für die jetzt anbrechende riskante Quarantäne von Verfassungsversprechen zugunsten der Leitwerte »Leben, Gesundheit«, wurde von den Entscheidern zurückgestuft in eine korrigierte Rangordnung der Güter, ohne dass jemand als Verteidiger des höchsten Gutes auftrat. Ob die geänderte Rangordnung von Dauer sein würde, meldete das Strategieteam nicht. Und niemand fragte danach.

Die antastbaren Güter, Leben und Gesundheit, verdrängen die Schutzherrin, die Würde, von ihrem Platz – nicht obwohl, sondern weil sie »unantastbar« ist. Das Corona-Management kann seine Handlungsfreiheit nur ohne den Einspruch der Unantastbaren sichern.

Das Maß des Erlaubten wird jetzt durch die Virologen bestimmt.

Aber die Virologen unterschätzen ihren eigenen Einfluss, wenn sie sagen: »Die Politik muss entscheiden, was sie aus unseren Befunden ableitet.« Diskutiert das Team über den Konflikt zwischen antastbaren und unantastbaren Gütern, die unser Grundgesetz eröffnen?

Wenn alte Menschen kaserniert in ihren Heimen bleiben sollen und Besuche ihrer liebsten und vertrauten Menschen verboten werden, überrollen Ausnahmerecht und Notstandsparagrafen die Würde der Betroffenen.

Die Würde aller abhängigen Darsteller im Jahrhundertdrama Corona wird dem Mission Statement des operativen Managements nachgeordnet. Die Würde wurde in Langzeitquarantäne geschickt, weil ihre Unantastbarkeit beim Handling des Antastbaren, Leben und Gesundheit, anmutet wie ein Komet vom anderen Stern.

Inzwischen bestimmen Berührungsverbote unseren Alltag, und niemandem fällt die paradoxe Entsprechung auf: Nach Corona-Gesetz sind wir alle unantastbar geworden. Berührung wird strafrechtlich verfolgt. Wer antastet, muss zahlen. Wer Gesicht zeigt auch. Lächeln ohne Maske kostet. Spontane Umarmungen auch.

Verdachtsdenker könnten meinen: Wir sind Teilnehmer eines Großversuchs für ein würdefreies – nein, nein, nicht gleich würdeloses – Leben.

Das Großprogramm, an dem wir mitwirken, rettet Leben, das wissen wir. Es schützt Gesundheit. Auch die der Seelen?

Wie mächtig ist das Virusghetto, in dem SARS-CoV-2 gefangen warten soll, bis wir die bedrohten Gruppen, die wir eingesperrt haben, erlösen? Bekommen sie dann ihre Würde zurück? Können sie die dann noch brauchen? Und wer heilt ihre verwundeten Seelen, wer glaubt, ihnen das Stück Leben im Würde-Entzug ersetzen zu können? Für einen Vierjährigen wäre das schon heute ein Viertel seines jungen Lebens. Für einen alten Menschen vielleicht der letzte Frühling. Und wer garantiert den »Bedrohten« die Gesundheit von gestern? Wer schiebt ein würdeloses Sterben nach der Virus-Quarantäne so hinaus, dass es noch lohnt zu leben? Wer übernimmt Verantwortung für den Freiheitsentzug, wer liefert den Entzugsobjekten Beweise, dass ihr Opfer alternativlos und ihre Lebensperspektive sicher ist?

Die Würde einfach aus dem Spiel zu nehmen, so mag man denken, ist ein Lapsus, den man korrigieren kann. Die öffentliche Dimension der Suspendierung unserer höchsten Kontrollinstanz, die noch im Grundgesetz »unantastbar« genannt wird, zeigt, dass der vorübergehend gemeinte Ausstieg aus der Rangordnung unseres Sicherheitssystems vernichtende Folgen für uns alle hat – gleichviel, ob wir zu denen gehören, die Sanktionen verhängt oder Sanktionen erlitten haben.

Der kompromisslose Eingriff in das System soziale Marktwirtschaft, die Schließung aller Geschäfte, Restaurants und Kulturstätten, aller Schulen, Kindergärten und Universitäten, aller Unternehmen und Behörden wurde vom Corona-Management-Team als Ultima Ratio beim Bremsverfahren gegen SARS-CoV-2 vertreten. Ein Abenteuer, über dessen Folgen offenbar auch die zuständigen Ministerien eher in

Geldkategorien nachgedacht hatten. Die Verwüstung galt als beherrschbar, ihr angegebenes Ziel in Zahlen, ausgebremste Ansteckung oder Entschleunigung der Ausbreitung des Virus, wurde nicht exakt messbar.

Die Würde aller Handelnden und Betroffenen, die Sensibilität der verwundeten Kommunikationsnetze national und international spielte in dem kollektiven Großangriff auf den Kern ihrer eigenen freiheitlichen Lebensentwürfe keine Rolle.

Ein Beobachter von außen, der den Europäern in diesem Szenario fehlt, würde verwundert fragen, ob diese freiwillige Vernichtung von Ressourcen mit jahrhundertelanger Vorgeschichte in einem vertretbaren Zusammenhang mit der Opferzahl des Drachen stehe, den die zivilisierten Völker erlegen wollten? Aktionen der Selbstvernichtung, wie die Shutdowns und Lockdowns des europäischen Corona-Managements, verdanken wir einer strategischen Fehlentscheidung am Start der viropolitischen Allianz.

Die Beispiele zeigen: Der Anspruch, Leben und Gesundheit der anvertrauten Menschen auch auf Kosten der Würde aller Beteiligten zu retten, lässt Effekte der Zerstörung an unserem unveräußerlichen Verfassungsgebot zu.

Der würdefreie Lockdown des Corona-Jahres 2020 erfüllte in keinem Aspekt das genannte und bei Start bereits erreichte Ziel[12] im Pandemie-Management. Die beurlaubte Würde aller kehrte nicht etwa erholt zurück auf die Bühnen der Lockdown-verstörten europäischen Nationen. Die Unantastbare auszuschließen von den Entscheidungen über Heil oder Unheil der gesamten Bevölkerungen eines seuchenunerfahrenen Kontinents öffnet keineswegs die *Windows of opportunity*, die Fenster in künftiges Wohlergehen. Vielmehr haben wir ohne den Beistand der kostbarsten Zusage unserer Verfassung eine Schwelle überschritten, die mit dem Vorbild der verpackten

Stadt Wuhan zur Überschreitung angeboten wurde. Europa ist als Follower unter Verzicht auf das Kronjuwel der deutschen Verfassung, die unantastbare Würde, unterwegs in einen maskierten Systemwechsel.

Auf dem Umweg über die Pandemie gelangen wir ins Zentrum des Systemkonfliktes zwischen den globalen Aufsteigern Asiens und den transatlantisch fundierten Treuebündnissen in der westlichen Rechts- und Wertegemeinschaft. Auf unserem eigenen Terrain in Deutschland und Europa wenden wir bereits seit dem Eintritt in die pandemische Weltgemeinschaft Strategien im Umgang mit dem Virus an, die im chinesischen Überwachungsstaat unbestritten sind und dort einen relativ kurzen Rückweg in den planwirtschaftlichen Überwachungsalltag bieten.

Für demokratisch geführte Wettbewerbsgesellschaften mit sozialer Marktwirtschaft jedoch sind die Ausgangssperren und Lockdowns aller Produktions- und Handelsprozesse tödlich, weil der Staat nicht die Kommandogewalt über das Wirtschaftsgeschehen hat. Auch der Verzicht des deutschen Pandemie-Teams aus Politik und Medizin auf die höchste Kontrollinstanz in unserem Grundgesetz, die unantastbare Würde aller Mitspieler im Seuchendrama, der freiwilligen wie der unfreiwilligen, hat den Einsatz für unser System quasi tödlicher Werkzeuge zur Ausbremsung des Virus nicht verhindert. Der Wettbewerb ist zwischen den global in gleicher Lage »verbundenen« Mitgliedern einer Schicksalsgemeinschaft klar zum Nachteil Europas entschieden worden. Die Schutzmacht unserer Verfassung, die Würde, unantastbar, war den Experten fürs Antastbare, Leben und Gesundheit, nicht als die mächtige Göttin in Erinnerung, die sie nach dem von Deutschland angefachten Weltenbrand hätte werden sollen.

Der globale Systemkonflikt wird durch die Gewinnerposition der Überwachungsstaaten bei der Pandemiebekämpfung aktualisiert.

Als Follower chinesischer Krisenlösungen sind wir nach dem absolvierten Modell, auf Überwachung, Entmachtung und Geschäftsverhinderung beim Bürger zu setzen, immer noch unterlegen. Das Mindset der Hightech-Söldner-Communities fehlt uns. Unschlagbar macht uns nur die virtuelle Power, auf die das Gesundheitsmanagement nicht setzen wollte, weil es vom Nurtastbaren ablenkt durch empathische Fantasie: Das Unantastbarkeitsprojekt der Würde macht uns stark für kreative Lösungen, bei denen die Würde nicht in Quarantäne geschickt oder handelbar gemacht wird. Genau das ist mit dem Versprechen der Unantastbarkeit gemeint. Nein, Corona-Kinder müssen nicht von ihren Eltern und Großeltern getrennt werden: **Würde-Gebot!** Nein, Corona-Kinder dürfen nicht durch Lernentzug geschädigt werden. Nein, sie dürfen nicht ins Gaming verbannt werden. Nein: Wir alle wollen spielen. *Homo ludens* weigert sich, mit Maschinen zu spielen. Er braucht Menschen. Auch zum Streicheln. Nicht erst nächstes Jahr. Nein, Alte darf man nicht einsperren zu ihrem oder anderer Leute Schutz; ihre Würde wäre angetastet. Man kann sie anders schützen als durch Schaden für alle!

Warum diese und Hunderte anderer Beispiele unsere Unverwundbarkeit im Ansturm des chinesischen Imperialismus sichern würden: Solange wir mit der »Brainware« der freiheitlichen Wettbewerbssysteme unterwegs sind, leben wir mit einem Transzendenzversprechen, das nicht an Religionen gebunden ist. Die unantastbare Würde verpflichtet nicht nur den Staat, sie zu schützen. Sie garantiert uns, was kein planwirtschaftlich befriedeter Chinese erreichen kann: die Freiheit, aufzubrechen, wohin wir wollen.

Das Dilemma – Der Preis für die Auszeit der Würde wird fällig

Dem Startversprechen »Gesundheit/Lebensschutz« fehlt der Flankenschutz durch die Unantastbare: die Würde. Die freie Welt übernimmt das Krisenmanagement der überwachten Planwirtschaft. Die Totalabschaltung ganzer Volkswirtschaften, wie sie der Westen als Schüler der Überwachungskapitalisten Asiens praktiziert hat, ist für freiheitlich organisierte Wettbewerbssysteme wie die soziale Marktwirtschaft zuverlässig tödlich.

Für totalitär überwachte Gleichschaltungssysteme, wie sie der Trendleader China in die Weltgeschichte bringt, ist die Abschaltung der Restfunktionen an Bewegungsfreiheit und Gestaltungserlaubnissen nicht dramatisch: Die Brainware der dort lebenden Menschen erlaubt es, Freiheiten wegzuschließen, die im Wettbewerb der Talente und Ideen in freien Gesellschaften Grundrechte sind. Eingriffe in diese Freiheitsrechte in liberalen Demokratien haben dramatische Verwerfungen in den Vertrauenssystemen zur Folge. **Die Planierung von marktwirtschaftlichen Systemen der freien Staaten ist ein Totalschaden.** In Planwirtschaften gibt es für den Verlust von einigen Gramm verbliebener Grundrechte keine Begriffe – und überhaupt kein Recht, Gefühle einzuklagen.

Der Shutdown tötet die Marktwirtschaft

Der Lockdown, ein Exportschlager aus Überwachungsstaaten, schwächt demokratische Gemeinwesen im Kern. Er erzeugt Schutzlosigkeit gegen die Systemgegner. Der Lockdown, so die Folgerung, beschleunigt den globalen Systemwechsel, der nun durch das neue Virus an Tempo gewinnen könnte. Mit einem Codewort »Leben« bleibt man an der antastbaren Oberfläche menschlicher Daseinsformen.

Die Lockdowner von heute müssen erkennen, dass die aufsteigenden freiheitfressenden Systeme kein strategisches Vorbild für Krisenmanagement in existenzieller Notlage sein können. Die Überwachungsstaaten gehen einen anderen Weg; ihre Helden sind Sklavenhalter, und die kollektiven Versprechen heißen nicht Freiheit und Würde. In planwirtschaftlich geführten Überwachungsstaaten ist der Lockdown ein kleiner Zwischenfall in einer Völkergeschichte, die Unterwerfung für alle zum Ziel hat. Nicht Freiheit, nicht Würde für alle.

Der Westen verspielt seine beste Karte

Den freiheitlichen Demokratien bleibt die Frage, warum sie die Zerstörung ihrer eigenen Ressourcen vollzogen,

Errungenschaften von Jahrhunderten ihrer Bildungs- und Wissenschaftsgeschichte, der Zivilisierung des Wettbewerbs via soziale Marktwirtschaft ins Total-K.-o. geschickt haben. Die freie Welt hat ihre Wohlstandsgeneratoren abgeschaltet, um den Aggressor, der eilig von Wirt zu Wirt schwebt, zu bremsen und länger zu beobachten, um die eigene Strategie auf die Höhe der Herausforderung zu bringen. Offiziell gilt weiter das Codewort »Lebensschutz/Gesundheit«. Der Schutzentzug für die Herzen und Seelen isolierter Minderheiten wie der weniger gefährdeten Mehrheit geht in die Generalpause. Niemand kann daraus ohne Verletzung seiner Würde befreit werden.

Die Preisgabe genau jener Ressourcen, die zur Heilung der Covid-19-Schäden unentbehrlich gewesen wären, offenbart ein verschwiegenes Motiv: Den freien Volkswirtschaften ist die Freude an ihren Erfolgen als Wohlstandslieferanten abhandengekommen. Wer so gedankenlos nicht nur seine Lieblingsspielzeuge, sondern auch seine ethische Bindung an den Erfolgsauftrag für das Wohlergehen einer kompletten Kulturgesellschaft aufgibt, der muss die Lust am Gelingen gemeinsamer Erfolge verloren haben.

Das Codewort, dem diese Selbstzerstörung verpflichtet war, begünstigte einen hohen Wert: Gesundheit, der schließlich alle anderen aus dem Felde schlug. **Auch im Namen der unantastbaren Würde aller Menschen, der gesunden und der kranken, wäre die Zahl der Geretteten nicht kleiner.**[13] **Aber das höchste Gut der westlichen Kulturen der Freiheit stünde den Überwachungskulturen leuchtend gegenüber.** Es würde uns schützen.

Jenseits der Würde: Kein Ausweg aus dem Dilemma

Deutschland hat eine kühne Verkürzung gewählt, um Berechenbarkeit herzustellen: Nicht die Isolation der wenigen, die das Etikett »Risikogruppe« nicht hinreichend schützen würde, könnte Gesundheitsgarantien liefern. Also verkündete die Kanzlerin die nächste Stufe der Fürsorge im Namen des Codewortes »Lebensschutz/Gesundheit«: die Isolation aller von allen. Vereinzelung im Tunnel als Therapie? »Zusammenhalt«, die Merkel-Formel neu gefasst, als Ausweichen? *Social distancing* heißt die schicke Formel, an der sich das glanzlose Wort »Abstand« dann aber doch nach vorn vorbeischob. »Sozialer Abstand«, ist das nicht ein Widerspruch in sich? Nein, es ist ein Euphemismus, eine rosa Variante der trübgrauen Idee, dass eher Rufweite als Umarmungsnähe die Seuchenschutzideale der Wahl sind.

Nur eine einzige Nachrichtensendung des öffentlichen TV lieferte zu dieser erschreckenden Nachricht eine Grafik, die das Einsamkeitsprojekt im Familienformat zeigte: Die Alleinstellung von Eltern minus Kindern und Kindern minus Eltern als virologisches Idealprogramm.[14] Diese radikale Botschaft war eigentlich der Startschocker der »Maßnahmen«-Ära, aber ein Aufschrei wurde nicht bekannt. Hatte niemand genau hingeschaut?

Wenn der Staat anfängt, »Maß zu nehmen«, greift schon niemand mehr nach der hosentaschenkleinen schönsten Ausgabe des Grundgesetzes, um den ersten Artikel nachzulesen: »Die Würde des Menschen ist unantastbar. Sie zu achten und zu schützen ist Verpflichtung aller staatlichen Gewalt.« Genau das tun wir, antworten die Politiker. Genau das ist nicht unsere Aufgabe, sagen die Virologen.

Maßhalten ist auch beim »Maß nehmen« ein klassischer Rat aus der antiken und christlichen Tradition, wo Klugheit und Gerechtigkeit mit Mut und Maß das Quartett der Kardinaltugenden bilden. Kein Krieg in mehr als zweitausend Jahren hat diese vier aus dem Rennen um menschenwürdiges Denken und Handeln geworfen.

Alle vier Kardinaltugenden sind als Ratgeber bei Eingriffen in die Grundrechte kaum zu vernachlässigen. Die Unerfahrenheit aller, der Mächtigen in der Politik, der Experten in der Wissenschaft und der Bürger als Spezialisten für Alltagserfahrung, hätte eine hohe Bindungsenergie entfalten müssen, wenn alle die Gefahr erkannt hätten, die aus falschen Lösungen drohte.

Das Gefahrenbewusstsein wurde von der Politik gesteuert. Die Experten aus der Medizin sahen bald, dass sie sich nicht in politische Verantwortung verstricken sollten. Die Bürger hatten keine Chance zu erfahren, welcher Grad der Solidarität die Community der Betroffenen, Mächtige wie Ohnmächtige, hätte verbinden können, wenn nur EINER das machtvollste Codewort auf alle Straßen und Plätze, in alle Wohnungen gerufen hätte: »Es geht um viel mehr, und eure Angst ist berechtigt, solange man euch auseinandersortiert im Namen von Gesundheit und Lebensschutz, die niemand dauerhaft garantieren kann. Es geht um das, was uns alle verbindet und was die Regierenden uns verpflichtet: **Es geht um unsere Unantastbarkeit im Namen des höchsten, des immateriellen Gutes, unserer Würde.**«

Dieser Anspruch verbindet zuerst einmal alle, die Mächtigen mit den Ohnmächtigen, die Jungen mit den Alten, die Armen mit den Reichen. Wenn die Regierung den Grundrechten eine Pause verordnet, weil das nie Gesehene passiert und ein unbekannter Feind in Schach gehalten werden soll, dann darf sie nicht den untilgbaren Appell auf Platz eins unserer Verfassung im Schlagschatten der Notlage außer Kraft setzen. Denn: Die Würde ist unantastbar.

Wer *social distancing* verordnet, müsste zuerst Maß nehmen bei der Unantastbaren

Wenn alle Großmütter und Großväter unter dem Logo »Risiko« radikal von ihren Enkelkindern getrennt werden müssen, dann steht die Würde beider, der Alten und der Jungen, zur Disposition. Es geht um Verluste, die nicht mit Geld ausgeglichen werden können: Vertrauen und Empathie, Geborgenheit, geteilte Zeit. Sind das Leichtgewichte angesichts des strategischen Rundschlags, den die Politik als ihren Auftrag zum Lebensschutz formuliert hatte? Als die Gesundheitspolitik den Bürgern den Start auf die steile Straße der Freiheitsverluste verkündete, klagte niemand im Namen seiner Würde eine bessere Lösung für die Schachpartie mit dem Virus ein. Auch nach rechenbaren Beweisen für die Balance zwischen ideellen und materiellen Gütern wurde nicht gefragt. Die Formel von Leben und Tod galt weiter.

Hätte die Kommandoebene in der Politik zu Beginn der Eingriffe in die Würde ihrer Zielgruppen den Auftrag des Grundgesetzes nicht gleich um den sensiblen Anspruch der unantastbaren Würde gekürzt, dann hätte ein Ratgeberkreis von Staatsphilosophen und Staatsrechtlern mit Psychologen und Psychiatern den Entscheidern in der Regierung helfen können, den Widerspruch aufzulösen, der die Gesundheitsbotschafter am Auftrag des Grundgesetzes scheitern lässt.

Den tollkühnen Kahlschlag im schon angeschlagenen System demokratische Marktwirtschaft hätte freilich nur ein erweiterter Ratgeberkreis verhindern können: Dort hätten neben den Staatsphilosophen und Psychiatern die besten Ökonomen das Wort ergreifen müssen, um der Regierung klarzumachen: Auch dieser Lockdown war ein Knockout gegen den höchsten Garantieposten in unserer Verfassung, die Würde aller hier lebenden und weltweit mit uns in Kultur- und Handelsbeziehungen verbundenen Menschen.

Die Selbstauslöschung einer Zivilisation mit langer Vorgeschichte kann nicht einmal als Aktion für »Lebensschutz/Gesundheit« gerechtfertigt werden. Absolut verboten erscheint sie aber im Lichte der höchsten Norm einer Nation, die ihre Zerstörungsenergie für immer an die Kette legen wollte.

Ist das Virus ein Würde-Killer?

Die Corona-Bürokratie ist ein lernendes System. Wortkarg wegen ständigem Korrekturbedarf.

Das Made in Germany der Gesundheitsindustrie schreibt die Erfolgsgeschichte der deutschen Wirtschaft fort in einem Spezialsegment: Gesundheit. Wenn Krankheit der Haupteffekt des Virus ist, passt das. Die globale Erfolgsmelodie des Virus SARS-CoV-2 ist aber nicht von Schwerkranken und Sterbenden markiert, sondern von »Infizierten«, von Menschen, deren Abwehr die Aggression des Virus meldet – spürbar, nur per Test ermittelbar, symptomfrei.[15]

Das Angstpotenzial, das die Berichterstatter aus Virologie und Politik mit ihren Zahlen für die Öffentlichkeit wachhalten, speist sich vor allem aus dieser Bandbreite der Virusspur. Man kann ahnungslos symptomfrei sein mit SARS-CoV-2, also ahnungslos den Erreger auf andere übertragen?[16] Man kann todkrank werden, wenn er im Organismus die Abwehrtruppen des Immunsystems überlistet oder überredet mitzuspielen. Er hat überall Verbündete, im Lufthauch segelt er von

Mund zu Mund arglos Plaudernder. Im Freien, wo er nur halb so gefährlich sein soll, atmet der Jogger tief ein, was der Läufer zehn Meter vor ihm ausatmet: Fünfzehn Meter Abstand müssen es sein! Und Luft anhalten, wenn du Fußgänger überholst. Corona-Jogging macht kurzatmig. Aber das Fitnesscenter ist geschlossen. SARS-CoV-2 bricht alle Spielregeln, und er ist nicht wählerisch; zumindest wissen wir nicht, ob es Menschen gibt, die er verschont.

Wer ihn einsperren will, scheitert. Aussperren ist gleich am Start seiner Weltumsegelung misslungen. Das Virus-Management wählt die radikale Maßnahme: Wenn der Angreifer nicht eingesperrt werden kann, dann sperren wir alle ein, die er angreifen könnte. So lange, bis die Spitzenposition für Made in Germany beim Bettenbau gesichert ist. Oder auch länger?, fragt der perfekte Bürokrat. Die Antwort kam per Tatbeweis: auch länger. Und in abenteuerlich radikalisierter Form.

Die Überwachungsspezialisten in Wuhan melden totalitäre Erfolge mit der Käfighaltung von Stadtbewohnern. Europa folgt ihrem Vorbild.

Düster werden die Prognosen nur für die eine Macht, der keiner in die Parade fahren dürfte, die Würde. Unantastbar, wie sie ist, kann man sie auch nicht suspendieren. Was macht das deutsche Corona-Management mit dem Verfassungsauftrag der Würde? Antasten? Außer Kraft setzen? Totschweigen? Retten? Ad absurdum führen?

Die Bedrohung des höchsten Gutes, der Würde, geht nicht von SARS-CoV-2 aus. Es ist die Panik der Verantwortlichen, die Verzichte, so meinen sie, erzwingt. Da traf es die Würde zuallererst, weil sie dem Gehorsamskonzept nicht zuzuordnen war. Nicht einmal anfassen durfte man sie. Zu viel Metaphysik war in diesem Auftritt; nicht Herrin, nicht Magd, aber *noli me tangere,* wage es nicht, mich zu berühren, so ihre Botschaft. Zupacken konnte man da also nicht.

Auch das Virus bleibt unverfügbar, fürs Erste jedenfalls, mangels Gegengift. Vielleicht auch länger. Weder der Würdeschutz noch die Weltmacht Virus aber haben die handelnden Gesundheitsmanager daran gehindert, den Knockout der hoch entwickelten Volkswirtschaften sozusagen als Ersatzhandlung zu vollziehen. So als könnte das hypervitale Virus unter den Trümmern begraben oder angesichts des tollkühnen Opfers zum Beidrehen und Abzug bewogen werden.

Ob Menschen arbeiten oder schlafen, ob sie fröhlich oder traurig sind, als Loser oder Winner: SARS-CoV-2 ist überall dabei. Ein paar Wirte weniger, wenn alle daheim eingeschlossen werden, das Virus verdurstet nicht so leicht.

Das Corona-Management macht ihn zum Sündenbock, den unsichtbaren Räuber der Daseinsfreude

Alle »Maßnahmen«, die das Gesundheitsmanagement aus Virologie und Politik trifft, werden ihm zugeschrieben, dem Virus.

Nicht die Fluchtkonzepte der Führungsteams sind die großen Stopper der Konjunktur, sondern das Virus war's: Was die Börsen schreckt, was die Hochöfen ausbläst, die Laster und Güterzüge an den Grenzen aufstaut, die Flieger vom Himmel holt, die Behörden schließt, die Restaurants verriegelt und die Spielplätze blockiert, die Theater und die Konzertsäle ausleert, die Schaufenster verdunkelt wie damals die Fenster im Krieg, wenn die Sirenen heulten: Das Virus blockt alles, was uns stark und zuversichtlich machte. Das Virus ist der Kriegsherr, nicht die Virusjäger, so die Story. Dass bei so viel Rückbau auch die Würde in Quarantäne zu sein scheint – oder wo ist sie? –, würde niemanden überraschen. Aber keiner fragt.

Wenigstens der Stellvertreter ist gefunden, der offiziell für die Verwüstungen verklagt werden kann, die seine Verfolger angerichtet haben. Corona war's, so die tägliche Schuldzuweisung an den kleinen Unsichtbaren, der nie vor Gericht erscheinen wird. Eine günstige Konstellation: Der Amoklauf der Hüter unseres Wohlstands war Notwehr gegen einen Feind, der niemals als Kronzeuge würde auftreten können mit der Behauptung, man habe ihn überschätzt. Die große Zahl der quasi gesunden symptomfreien Virusträger könne für seine relative Harmlosigkeit Zeugnis ablegen.[17]

Der Shutdown taugt nicht zur Fluchtgeschichte aus einem selbst eröffneten Krieg in einen »Wiederaufbau«, der die Kategorie »Kriegsverbrechen« nicht zulässt. Dass das Ausmaß der Zerstörungen in Eigenregie nicht alternativlos und erstaunlich irrational war, führt zu einem Rollentausch auf dem Corona-Schlachtfeld. Nicht der Kriegsherr SARS-CoV-2 hat das Kommando bei der Planierung der marktwirtschaftlichen ID von Deutschland geführt, sondern der Trupp der Verteidiger von Leben und Gesundheit ist zu dem Schluss gekommen, dass beide nur durch die Zerstörung der marktwirtschaftlichen Grundlagen für Leben und Gesundheit geschützt werden könnten.

Das Prinzip der Zerschlagung lautete: Nimm die Menschen raus aus den Systemen, dann stehen die Systeme still. Verbiete ihnen, an ihre Arbeitsorte zurückzukehren, dann werden auch ihre Kunden und Handelspartner nicht mehr kommen. Die inszenierte Katastrophe wird durchsetzbar, wenn sie auf Vorstufen der Einschläferung von Wettbewerbsprozessen der vitalen Wohlstandskultur aufbauen kann. Nach und nach die Lichter löschen. Futterstellen offen halten, Apotheken auch. Blumenläden nein. Kirchen auch nein. Gott wird Verständnis haben.

Der Lockdown im Jahre 2020 trägt Züge von Hybris und Selbstüberschätzung – oder Ahnungslosigkeit von Amtsträgern, die einem abenteuerlichen Realitätsverlust entspringt. Wo war die Würde, als diese Story inszeniert wurde?

Wer so fragt, der muss kurz erinnert werden: Die Würde war ja seit der Startzeit des deutschen Corona-Managements außer Kurs geraten. Die Starter der Lebensrettungsaktion waren entschlossen, sie weiträumig zu umfahren. Lebte sie seither im Inkognito? In einem Kloster oder im Arbeitszimmer eines Staatsphilosophen, der nicht mehr *en vogue* war? Oder lebte die Unantastbare in einem Moratorium, wie es die Kanzlerin im Jahre 2011 den Atomkraftwerken verordnet hatte? Ein Kraftwerk ist sie ja durchaus, die Würde, und im Gegensatz zu den Kernkraftwerken nicht abschaltbar.

Mit dem Mission Statement der neu gegründeten Firma für Corona-Management und Menschenführung, wie das Label heißen könnte, einer Firma mit gemischter Kompetenz aus Medizin und Politik, war die Würde außer Kurs gesetzt. Nur bei den Menschen blieb sie, und zwar bei allen verschwiegen und unantastbar, unerkannt, bis ihre Stunde kommen würde.

Das Corona-Management fuhr über Monate ein Antivirusprojekt nach dem anderen ab, ohne ihre leuchtende Spur zu sehen: In den Augen der Kinder, die ihre Freunde unerlaubt umarmten und ihrer Mutter ein Küsschen auf die Stirn hauchten; in den Augen der Alten, deren mutige Töchter und Söhne in ihr Heimzimmer schlichen, um ihnen die Wange zu streicheln; im Komplizenzwinkern des Jungen, der den Zaun des verschlossenen Spielplatzes überwunden hatte und nun atemlos vor Glück auf der Schaukel in den Frühlingshimmel flog. Das Corona-Team sah auch die Spur der Würde nicht, wenn erschöpften Pflegern und übermüdeten Ärzten die Tränen in die Augen traten beim Ablegen ihrer schweren Schutzkleidung. Dass es um sie ging, die unantastbare Würde, wenn der Sprachbaukasten nur tastbare Formeln wie »Stress, klar, haben wir alle« lieferte, durfte niemand an sich heranlassen, der weiter »jenseits der Würde« Verantwortung behalten wollte. Und auch Macht, klar.

Immer, wenn es dir fast die Schuhe auszieht vor Mitleid und geteiltem Schmerz, dann bist du in Wirklichkeit IHR begegnet, der ins Aus verbannten Würde, so kann der Merksatz für jeden von uns lauten. Das Corona-Management hatte ja nicht nur sie in Schach zu halten, die immer noch so etwas wie Würde ausstrahlten, auch unter Maßnahmendruck. Außer dem Virus hatte die Crew des Virusprojektes auch die Bürger zu steuern, die mit wachsenden Anforderungen an ihre Belastbarkeit jenseits der Grundrechte Corona-fit wurden und kompetente Fragen stellten. Von Stufe zu Stufe wurde die Abwicklung des global vorgegebenen Kampfprogramms gegen das Virus mit den und gegen die Menschen, deren Angstniveau nicht beliebig sinken durfte, wenn die Maßnahmen Bestand haben sollten, immer schwieriger. Nach und nach waren Erlebnisräume für die Bürger entstanden, in denen die Leuchtspur der Unantastbaren, der Würde, von der keiner sprach, hinschmolz wie der letzte Schnee in einem fremd gewordenen Frühling.

Das Corona-Management ahnt nicht, das es nur eine einzige Macht gab, die das Korrektiv für die Zumutungen hätte liefern können: die stumm geschaltete Würde. Ihr Einspruch hätte im Lockdown unzählige Frauen und Kinder geschützt, wenn die Kommandoebene beim Schließen der Kitas und

Schulen, der Arbeitsplätze für Große und der Spielplätze für Kleine, beim Ausgehverbot für alle die Würde der Eingesperrten bedacht hätte. Auch die Würde der Singles, die von den Maßnahmen besonders betroffen waren. »Wer jetzt allein ist, wird es lange bleiben«, hat der Dichter Rainer Maria Rilke geschrieben. Wie lange kann man von vergangenen Umarmungen leben?

Alle Entscheider kannten und kennen das Grundgesetz. Sie alle wissen, dass Deutschland für das Solo der Würde auf Platz eins unseres Grundgesetzes als Schutzmacht aller und als Auftraggeber »aller staatlichen Gewalt« historisch todernste Gründe hat.

Gewalt gegen Frauen und Kinder, sexualisierte häusliche Gewalt ist aus den Wochen der Ausgehverbote und des Lockdowns aktenkundig und ohne Korrekturversuche durch zuständige Ämter mit publizistischem Schweigen begleitet worden. Selbst BILD, die Meisterin ergänzender Berichterstattung, verweigerte eine Meldung. Die deutsche Politik exekutierte den chinesisch inspirierten, im Kern menschenverachtenden Shutdown zur Entschleunigung des Virus, ohne die höchste Instanz unserer Verfassung, die Menschenwürde, an ihren Entscheidungen über Menschenschicksale zu beteiligen.

Mit dieser generellen Stummschaltung der höchsten Instanz unserer Verfassung wurde der schwerste Fehler, der Kahlschlag in den mehrhundertjährigen Erfolgsgeschichten unserer Netzwerke für Wettbewerb und Wohlstand unvermeidlich. Wer freie Bürger zu Verfechtern von Strafverschärfungen für sie selbst, die Bürger, im Zusammenhang sehr diskussionswürdiger brandneuer Straftatbestände machen kann, der traut sich bei Bedarf sicherlich auch die Akzeptanz für den großen Knock-out für das Gesamtsystem zu.

Auch ohne hinreichendes Wissen schlägt das Corona-Team dann zu, wie Gesundheitsminister Spahn am 1. September des Zerstörungsjahres im Namen des Dämons SARS-CoV-2 überraschend gestand. Dass er vorpascht, ehe andere als Kronzeugen der Anklage auftreten, erlaubt die Vermutung, dass die gesamte für den Zivilisations-GAU verantwortliche Crew der Virusjäger das dünne Eis unter ihren Füßen spürt, das zu knirschen begonnen hat.

Der Gesundheitsminister wagt ein Geständnis, das einen Tornado entfesseln müsste, wenn alle vereinsamten Altenheimbewohner und alle Hinterbliebenen der einsam Gestorbenen, alle Eltern von verstörten Kindern und alle gutgläubigen Maskenträger der Republik ihrer Erschütterung Luft machen würden.

Schon vor Monaten hatte der Gesundheitsminister ein leises Unbehagen formuliert, als das gemischte viropolitische Team sein Retter-Image in einem Mission Statement festgeschrieben hatte und im Namen des ausgerufenen Notstands Grundrechte zu kassieren begann. Damals, im März des eben angebrochenen Pandemiejahres 2020, überraschte Spahn mit der vorauseilenden Selbstentschuldung, man werde einander wohl bald einiges zu verzeihen haben. Das Publikum reagierte eher gerührt als verängstigt, damals.

Im beginnenden Herbst des Seuchenjahres übernimmt Jens Spahn erneut die Leadership beim nachträglichen Runterfahren von vollendeten Tatsachen unter dem Motto: »Wenn wir mehr gewusst hätten.« – »Man würde mit dem Wissen heute«, so Spahn am 1. September 2020, »keine Friseure mehr schließen und keinen Einzelhandel mehr schließen ...« Und er fährt fort: »Wir werden nicht noch mal Besuchsverbote brauchen in den Pflegeeinrichtungen.«[18]

Mit dem Wissen von gestern, so die Deutung der BILD-Redaktion, konnten Virologen und Politiker die Gefahr nur durch Worst-case-Szenarien zu beherrschen versuchen. Wer damals seine Existenz verlor, bekommt sie nicht einfach deshalb wieder, weil Spahn heute anders handeln würde als gestern. Wer damals einen geliebten Menschen weder besuchen noch in seinen letzten Lebensstunden begleiten durfte, weil das Lebensschutz-Management der Corona-Chefs gnadenlos auf Entflechtung aller Nahkontakte setzte, den wird die Ankündigung, eine solche Befehlslage werde es nicht wieder geben, nur noch trauriger oder zornig stimmen.

Der Lockdown mit den Schließungen von Handel und Gastronomie, mit Bewegungsverboten für alle, die konfliktsteigernde Enge in den Wohnungen der Familien mit Ausgehverbot, wo 24 Stunden engster Nähe statt der gewohnten etwa vier gemeinsamen Stunden am Tag Kinder und Frauen schutzlos männlichem Frust auslieferte, kann durch ein »Sorry, wir wussten zu wenig« nicht revidiert werden.

Was der Minister und seine Kollegen auch im Herbst 2020 nicht auf ihrer Agenda sehen, das fehlte schon damals, Mitte März, als man mangels Wissen die Bürger kaltstellte durch Wegschließen.

Die Lebensschutz-Manager selbst hatten ihre Antivirus-Strategie ausdrücklich auf Schutz durch Wissen gestellt. *Learning by doing* und *Worst-case*-Szenarien zur Absicherung würden schon ausreichen, um im globalen Countdown ganz vorn mitzuspielen.

Dass es nicht nur um medizinischen Fortschritt in Labors gehen würde, sondern um den schicksalsempfindlichen Menschen selbst, der vor dem noch unbeherrschbaren Feind geschützt werden sollte, war allen klar.

Eine Frage blieb offen. Durfte man ihn mit allen Mitteln schützen? Oder gab es da ein Limit bei der Wahl der Mittel?

Die Forscher, unter dem Eid des Hippokrates geborgen, setzten auf wissenschaftliche Redlichkeit: Ob *homo sapiens,* der verletzliche Sieger der Evolution, mit allen Mitteln geschützt werden dürfe, das müsse die Politik entscheiden.

Die Spitzenpolitik verfügt über ein Kompendium, das Grundgesetz, in dem die Wahl der Mittel mit einem glasklaren Limit begrenzt wird.

»Die Würde des Menschen ist unantastbar«, sagt die deutsche Verfassung in ihren ersten Worten. Unter diesem Würde-Vorbehalt steht die Wahl der Mittel, mit denen wir die unantastbare Würde »achten und schützen« sollen, wie die Verfassung es »aller staatlichen Gewalt« als »Verpflichtung« aufträgt.

Der Gesundheitsminister trägt im September des Jahres 2020 das Geständnis vor, der Staat habe beim Krisenmanagement Mittel gewählt, die auf der Basis von mehr Wissen nicht vertretbar gewesen wären. Im Frühjahr 2020 hatte das Krisenteam entschieden, das stärkste Versprechen der deutschen Verfassung nicht mitzunehmen ins Neuland mit Virus: »Wissen reicht« war der Leitgedanke. »Wissen« als Leitmedium versprach Bewegungsspielräume, geringe Flughöhe, hohe Reaktionsgeschwindigkeiten. »Würde«, das klang eher olympisch, nach Götterwelt. Und »unantastbar« in einer Welt, die vom Antastbaren bestimmt ist? Also: unbrauchbares Motto.

Die Göttin »Würde« wurde abgewählt. Inzwischen, Ironie der Geschichte, sind wir alle Unantastbare geworden, mit verpacktem Lächeln traurig unterwegs und zu keiner Umarmung im Geiste der Würde mehr befugt. Aber der Minister ahnt, was er noch gar nicht zu Ende verstanden hat: Die Würde mitzunehmen auf den kollegialen Rettungstrip hätte ihm und uns allen erlaubt, die schwersten Attacken auf die

Unantastbare zu vermeiden, die im Geist von »nur« Wissen und *Worst-case*-Strategien geführt wurden. Wer nur auf Wissen setzt, ist in Gefahr, die überlegene Power, die mit der Würde kommt, zu verspielen.

Die Würde ist, auch im globalen Wettkampf der Systeme, unsere schärfste Waffe. Wenn wir ohne sie aufbrechen, zerstören wir uns selbst. Nichts Geringeres als dies ist geschehen, als das deutsche Corona-Management mit unfertigem Wissen und in kühner Unterschätzung der Weltmacht Würde die ihr anvertrauten Menschen mitsamt ihren Leistungsergebnissen in ihren Heimatsystemen mattsetzte. Wer ohne den Flankenschutz der Würde aufbricht, fällt Fehlentscheidungen.

Die Würde, unantastbar, ist allem Wissen voraus. Sie sichert unserem Handeln das menschliche Maß.

Corona-Randgruppen –
Wer die Würde ins Aus schickt,
muss Alte und Kinder benachteiligen

Die Corona-Industrie muss versachlichen, was den getrennten Liebenden jeden Alters die Tränen in die Augen treibt: Die Zeit, so fühlen die beiden »Risikogruppen« an den Rändern, die Alten und die Kinder, ist eine mächtige Göttin. Sie nimmt und gibt, was die Gesundheitsmanager streichen oder gewähren. Eine stumme Umarmung, ein flüchtiger Wangenkuss, der zum Maskenkuss wird, sind gebührenpflichtig.

Die Alten und die Kinder: Nie war ihre gefühlsstarke Nähe zueinander so schmerzbeladen wie unterm Gesundheitsmanagement der Corona-Strategen. Die Alten und die Jungen im großen Welttheater, die Erfahrenen und die Unerfahrenen brauchen einander so sehr, weil sie gemeinsam so stark waren, ehe Corona sie trennte: Interesseloses Wohlgefallen, nicht lenkendes Elternwort und sorgloses Urvertrauen macht die Bündnisse zwischen Alt und Jung allen Teams von Gleichen überlegen. Kinder und Großeltern könnten gemeinsam im Reich der Würde Energie schöpfen – wenn das Corona-Management vom Respekt vor ihrer Würde inspiriert wäre.

Altsein heißt im Corona-Deutsch: Risiko. Kindsein auch. Beide verdienen besonderen Schutz vor dem Virus. Die einen, weil sie nur noch wenig Zeit zum Leben haben, die anderen, weil sie alle Zeit der Welt noch vor sich haben. Die Firmenleitung des Corona-Konzerns kann viele Gründe nennen, warum beide, Alt und Jung, besondere Einschränkungen hinnehmen sollen. Die Alten, weil sie wehrlos dem Virus ausgeliefert wären, wenn sie frei herumlaufen, die andern, weil sie vielleicht, keiner weiß es genau, die Alten anstecken – oder auch sich selbst, und das kann überall passieren, wo Kinder sich bewegen, zu Hause, in Kitas, in der Schule, draußen in der Freizeit. Alte kann man in Heimen kasernieren oder mit Ausgehverbot belegen, ihren Angehörigen und Freunden kann man Besuchsverbot erteilen. Kinder kann man ins Ausgehverbot der Eltern einschließen, Kinderspielplätze werden geschlossen, Spielen im Freien fällt unters Ausgehverbot, Besuche bei Großeltern sind für beide, Kinder und Großeltern, unerreichbar.

Kinder und Alte, so zeigt das Corona-Zeitalter uns endlich, sind Randgruppen in der Wohlstandsgesellschaft. Sie trifft es zuerst und am härtesten, wenn Grundrechte außer Kurs gesetzt werden. Die vitalen mittleren Generationen, um deren Eltern und Kinder es dabei geht, werden von Arbeitsplatzverlust und Existenzangst in ihren überfallartig neu verordneten Rollen als Spielpartner, *Home*-Lehrer und Konfliktmanager im engen Beieinander zu Hause so aus der Bahn geworfen, dass ihnen ihr Königsrecht gar nicht mehr einfällt: das Recht auf den Schutz ihrer Würde.

Wenn Schutz in Corona-Zeiten bedeutet, auf die eigene Würde zugunsten eines Managementkonzeptes der Firma Corona zu verzichten, ein Konzept, das Freiheitsverluste als Schutzmaßnahme verordnet, dann wird das Bekenntnis fällig, dass Artikel 1 unserer Verfassung sozusagen an Covid-19 sterben muss, damit die Sicherheitsideen des Corona-Managements durchgesetzt werden können. Würde ist in dieser Firma ein Fremdwort geworden.

Die Randgruppen, Kinder und Alte, können sich gegen den Verlust ihrer Unantastbarkeit am wenigsten wehren. Gesundheitsmanagement und Lebensschutz, die Zielformel der Virologen und Politiker, erleben beide an den Rand geschobene Gruppen, Kinder und Alte, als Kriegserklärung gegen ihre elementaren Bedürfnisse. Kinder und Alte sind verbunden in Verlusten, die am Lebensrand viel schmerzhafter sind als in der Mitte: Die Alten können geben, was keiner jetzt haben will: Erfahrung. Keiner außer ihren Enkeln und Patenkindern, die nirgendwo erfahren können, was die Großeltern wissen. Die Kinder spüren nun noch öfter, dass es auf sie überhaupt nicht ankommt. Ihre Lieblingsspiele und ihre Freunde stehen auf Verbotslisten. Ihr Bewegungsdrang wird von Verboten zensiert. Was gestern o. k. war, wird heute bestraft. Sportverbot ist ein K.o.-Schlag in alles, was ein Kind braucht. Bewegung vor allem, Kraftproben, Wettspiele, Risiko. Aber du BIST das Risiko, erklärt dem kleinen Jungen der neunmalkluge Freund des Vaters. Und deine Großmama ist auch ein Risiko, weil sie nämlich ein Risiko HAT ... Der kleine Junge staunt. Schule ist also auch ein Risiko?, fragt er zurück. Und die Kita für meine kleine Schwester auch? Darum dürfen wir da nicht mehr hingehen? Wann denn endlich wieder?

Kinderjahre, so mag mancher Corona-Manager denken, sind ein eher üppiger Vorrat an Lebenszeit, da wird die Verbotsphase schnell vergessen sein. Aber von seiner Würde wird das Kind so wenig in Kenntnis gesetzt wie die alte Dame und der humorvolle Herr, die beide Geschichten aus einer ganz anderen Welt erzählen konnten und jedes Abenteuer lohnend fanden, anders als die Eltern. Auch diese beiden alten Menschen haben nach ihren Freiheitsrechten im Geiste der deutschen Verfassung nicht gefragt. Sie kennen den Artikel 1 des Grundgesetzes – fänden es aber unhöflich, die Erfüllung seines Versprechens für sich einzufordern.

Sie haben längst bemerkt, dass die Corona-Crew ohne ein Würde-Konzept unterwegs ist. Die alte Dame hebt die Augenbrauen und schweigt. Der alte Herr deutet ein Lächeln an, als er die Maske abnimmt: »Die Würde des Menschen ist unantastbar.« – Er macht eine Pause und fügt hinzu: »Solange wir das wissen, bleibt sie das.« Seine Augen über der Maske verraten nicht, was er denkt.

Im deutschen Corona-Projekt werden Kinder und Alte extrem belastet – warum? Weil sie keine Macht haben. Weil ihre Würde für ihren Platz in der Gesellschaft eine besonders große Bedeutung hat. Beide, die Wächter über unser Menschenbild an den Rändern der Gemeinschaft, sind auf besonderen Schutz angewiesen – die einen, weil sie noch nicht viel vom Leben wissen, die anderen, weil sie nicht mehr alles vom Leben bekommen, was sie ersehnen.

Dass beide, Kinder und Alte, wie »Randgruppen« mit minderen Rechten auf Lebensqualität behandelt werden, macht der Sonderfall Corona besonders deutlich. Jetzt verfügt man über die Lebenszeit der Alten ohne das Zögern, das ihre Würde uns abverlangen müsste, und wir verfügen über die Glücks-Anrechte der Kinder, die viel größer sind als jene der vitalen mittleren Generation ihrer Eltern, die sich immer noch mehr von dem holen können, was sie zum Alltagsglück brauchen.

Beide an den Rändern des Spektrums, Alte und Kinder, haben vor Corona mit dem traditionellen Brückenschlag gelebt, der ihre Außenpositionen verbindet: Zuflucht für die Kleinen, Erziehungsurlaub sozusagen, und der Zauber Jugend für die Alten, die Komplizen für die Träume der Kinder sind, regelferner als die Eltern, lockerer, cooler als das Mainstream-Elternhaus, dessen konventionelle Angepasstheit den wilden Herzen der Kinder Fesseln anlegt, Herzfesseln, die bei den Großeltern, den Patenonkeln und -tanten wegschmelzen und abfallen.

Beide, die Alten und die Jungen, können im düsteren Corona-Kapitel ihres bisherigen Lebens nicht einmal mehr die Rufweite herstellen, um die Hoffnung auf die vertraute Nähe wachzuhalten.

Über beide, Kinder und Alte, wird im Corona-Projekt verfügt, wie man über Abhängige verfügt, die sich nicht wehren können. Besuchsentzug für die Alten, Spielblockade für die Jungen. Dazu Lernblockade, Zärtlichkeitsverbot, *homo ludens* in Ketten.

Dass wir ausgerechnet die ganz Jungen und die ganz Alten mit den größten Eingriffen in ihre unantastbare Würde gedemütigt und erschreckt haben, wird eine der wichtigsten Einsichten sein, die nach dem Tornado der »Maßnahmen« ohne das rechte Kinder- und Ältesten-Maß übrig bleiben.

Dass das Corona-Management die Kinder so umfassend in ihren Grundbedürfnissen an ihrer Würde verletzt hat, ist nicht damit zu begründen, dass Kinder außerstande sind, ihre Rechte – und erst recht ihre Würde – zu verteidigen. Dass die Versäumnisse eines würdevollen Umgangs mit den Alten und Ältesten in unserer Gesellschaft unter Corona-Bedingungen ebenfalls Ängste und Schrecken ausgelöst haben, führt zu einer genauso erschütternden Erkenntnis:

Obwohl ausgestattet mit dem großartigsten Verfassungsversprechen unter allen vergleichbaren Nationen, »Die Würde des Menschen ist unantastbar«, haben wir für die, die am wenigsten selbst für die Achtung anderer vor ihrer Würde tun können, kein Würde-Konzept. »Kinderwürde« ist schon sprachlich eine Rarität, fast ein Kunstwort, das in keinem Duden steht. Es geht um die Würde der Kleinsten, denen im Zuge der Corona-Strategie alles genommen wurde, was ihr stürmisch voranschreitendes Abenteuer Leben ihnen jeden Tag verspricht und schuldet: Bewegung, Zuwendung, Zärtlichkeit, Umgang mit anderen Kindern, Anfassen, Ausprobieren – und wenn sie älter werden: Freunde umarmen, um die Wette laufen, auf Spielplätzen die eigene Kraft, den Mut erproben, Fußballspielen, Schreiben und Lachen und Balgen. Die Würde der Kleinsten und der Kleinen lässt sich nicht in einen Käfig ausgewählter Erlaubnisse sperren, die kein Kind versteht.

Die Würde kleiner Kinder verlangt so viel mehr Respekt, als die überlegenen erwachsenen Verordner ahnen, dass ein Konzept »Kinderwürde« für alle, die mit Kindern umgehen, Eltern, Erzieher und Lehrer, plötzlich sehr dringlich erscheint. Auch vor und nach Corona hat dieses Konzept gefehlt und wird es fehlen. Jetzt wissen wir es.

Die »Würde der Alten« hat in Deutschland gerade noch den Rang eines Bildungszitats. Sie hat, kaum überraschend, im »Maßnahmen«-Konzept für Alte, das die Pandemie-Manager praktizieren, keine Rolle gespielt – es sei denn, wir hätten ein Inkognito übersehen, das der Unantastbaren eine Chance gegeben hätte. Für die Begründung von Isolationskonzepten zugunsten von Altenheimbewohnern haben die

Alten aber eine ganz entscheidende Funktion als Begründungshelfer ohne Mandat gespielt: Sie waren »Risikogruppe«, die den Zeitgewinn zum Intensivbettenbau sichern sollte. Ihre Würde kam nicht zur Sprache, aber ihre Gefährdung wegen Gebrechlichkeit und altersbedingten Handicaps und Vorerkrankungen half der Corona-Crew, den unbeschwerten Zeitgenossen in der Mitte des Generationenspektrums die Leichtfertigkeit auszutreiben und ein uneingeschränktes Ja zum paradoxen Konstrukt von Ausgehverboten und Bettenbau zu erwirken. Selbst der Lockdown wurde über alarmistische Szenarien, wie die vom RKI am 20.03.2020 entworfene Modellierung von Beispielszenarien der SARS-CoV-2-Epidemie, zustimmungsreif.[19]

Ein Würde-Konzept für Alte, so lernen wir aus der Pandemie-Strategie, gibt es in Deutschland ebenso wenig wie einen Entwurf für Kinderwürde. Die Würdewesen an den Rändern, Kinder und Alte, sind nicht im allgemeinen Bewusstsein als sensible Garanten des Auftrags, die Unantastbare besonders dort »zu achten und zu schützen«, wo »alle staatliche Gewalt« mit Bürgermut an ihre »Verpflichtung« erinnert werden muss.

Die Würde steht für das, was uns vom Überwachungs- kapitalismus unterscheidet

Alle wissen viel über Corona. In der Welt der Abstands- und Nuraugenmenschen angekommen, kennen wir uns aus im neuen Kontinent der Selbstauflösung zugunsten eines Unsichtbaren, der die Weltherrschaft übernommen hat: SARS-CoV-2. Alle nehmen das Virus ernst.

Wer nimmt die Würde so ernst wie das Virus?

Mitten im Virustraining mit neuer Routine unterwegs, entdecken wir: Ein Training im Reich der Würde hat uns niemand angeboten. Deutschland und Europa sind ein Viruscamp geworden, in dem wir uns regelkonform bewegen. Die meisten Fitnessstudios alter Spielart sind geschlossen, da passt ein wenig neues Know-how in das gelangweilte Mindset, das sportarm, kontaktlos, sprachbehindert und lachunlustig hinter dem Maulkorb lagert: Ein Programm zur Reduktion des Ich bemerkt man auf den Straßen, wo ernste Maskenpaare mittleren Alters (Risikogruppe) nicht mehr Hand in Hand gehen, sondern eher wie Rekruten einer neuen Söldnerarmee. Ernste Kinder, von noch ernsteren Eltern geführt, reißen sich los zum Rollerfahren, kommen brav zurück. Junge Männer tragen die Reservemaske am muskulösen Oberarm, eine andere verklebt am Hals. Minutenlang maskiert im Coffeeshop, blasen sie die Maske schon am Ausgang des Coffeeshops wieder weg.

Wer würde es wagen, in dieser Community des Trainingscamps für Viruskenner ein Gespräch über die Herrin aller Grundrechte, die Würde zu beginnen? Die jungen Männer, Nullabstandsvirtuosen, sechs an einem kleinen Tisch, lachen, wenn man ihr Maskencredo abfragt. Sie zucken die Schultern, Moden kommen, Moden gehen, das Virus kann nur eins: anstecken, aber kaum einer wird krank, so ihr Kommentar. Verletzter Stolz? Ja, ein wenig. So können wir uns rantasten an das Würde-Thema. Ein Arzt ist in der Gruppe. Er kann Englisch, vielleicht sogar Latein. Ich sage »dignitas«. Frage, was er meint zu der These, dass Gesundheitsmanagement auf jeden Fall Würde kostet, dass also *Health Care* wie die Community der Pandemieforscher nicht rechts und links schauen dürfe, und schon gar nicht nach oben bei der Wahl ihrer Mittel: Wuhan ist das Vorbild. Lockdown weltweit, Querschüsse von Träumern sind da kontraproduktiv.

Der Mediziner kommt noch gar nicht zu Wort mit seiner eigenen Meinung. Er referiert die Leitmedien, die ohne Würde auskommen. Die Pflegekräfte, neuerdings Helden der Virusschlacht, auch? Ihr Weltausschnitt ist ein anderer, sagt der Arzt in der Runde. Sie kommen nicht ohne

Würde aus. Gesundheitsmanagement als Bettenbauprojekt, Ausgehsperren für Menschen im Abstandstraining, Lockdowns für Kitas, Heime und Schulen, Quarantäne für »Risikogruppen« und Virusträger, krank oder gesund, das alles ist ihr Alltag. Inseln der Würde zu betreten kostet Ganzkörpermasken. Hier hat kein Coffeeshopper Zutritt – es sei denn, er würde ernsthaft krank. Oder er wollte seinem Leben ein Kapitel im Reich der Würde hinzufügen, als Pflegeassistent.

Der Dämon Corona rückt sie ins Flutlicht der Medien, die Lebensretter in den anonymen weißen Schutzanzügen, die mit verpackten Gesichtern und unförmigen Schuhen, mit riesigen, mehrfach verpackten Händen, raschelnd in Riesengewändern hinter Türen verschwinden, auf denen »No Entrance« oder »Danger« steht oder »Emergency«. Es ist das neue Heldenlatein, das in lauter *closed areas* führt, wo Disziplin und Fachwissen sich mit der Kraft zur Empathie verbinden müssen, wenn man sich dort als Pfleger, Betreuer oder medizinisch-technische Fachkraft bewähren will.

Dass es sich bei diesen Hunderttausenden völlig Unentbehrlichen um Vorkämpfer der Menschlichkeit in der absoluten Gefahrenzone zwischen Leben und Tod handelt, die Stellvertreter von uns allen sind, haben wir erst verspätet begriffen. Für uns, die sich diese Grenzerfahrungen nicht zutrauen, musste ein erschütterndes Unglück in unsere Komfortkultur einbrechen wie ein Dämonenschwarm, der potenziell niemanden zu verschonen bereit ist. Mitten unter uns leben die Furchtlosen, die grenzenlos Mutigen, die Beherzten im Reich der Empathie, die dort schon länger Dienst tun, wo es jetzt plötzlich für jeden von ihnen und jeden Tag todernst werden kann, nicht nur für ihre Patienten.

Es sind nicht die Pflegeberufe, die »Wir retten Leben« in die Republik rufen oder das Motto »Gesundheit« als Kernziel ihrer Arbeit angeben; ihre tägliche Wirklichkeit ist die Zerbrechlichkeit des Lebens, das, was die Philosophen unsere »Schicksalsempfindlichkeit« nennen. Sie ist es auch, die das Grundgesetz ganz vorn im Katalog der Zusagen des demokratischen Staates an seine Bürger führt. Da steht eben nicht »Gesundheit«, »Lebensschutz«, sondern da steht das höchste Gut, das auch dem Sterbenden, der sein Leben nicht festhalten kann, nie entzogen werden darf: Das höchste Gut, das über die Zerbrechlichkeit unseres Lebens hinausreicht, ist die Würde.

Es ist die Würde ihrer anvertrauten Menschen jeden Lebensalters, die den Pflegeberufen das Ethos verleiht, das auch in Corona-Zeiten mit hohen gesundheitlichen Risiken für den Betreuer verbunden ist.

Sein Leben, so erfährt jeder Mensch, ist antastbar. Nur seine Würde macht ihn unantastbar

Die Verfassung sagt uns damit etwas zu, das Gerechtigkeitsdebatten überragt. Wenn die Corona-Zeit uns klarmacht, dass Pflegeberufe nicht Reparaturteams für lädierte Gesundheit sind, die mehr oder weniger »gerecht« entlohnt werden können, dann werden wir nie mehr mitwirken an Entscheidungen, die das Gönneretikett »Anerkennung« für unterbezahlte, aber eben nicht staatstragende Pflegeberufe als Ziel nennen. Gerechtigkeit für Menschen, die ihre Lebenszeit für den Schutz der Würde von Mitmenschen einsetzen, von Mitmenschen, die ihr höchstes Gut, ihre Würde, nicht mehr oder noch nicht selber schützen können, kann nur auf der Basis von ethisch begründeter Hochachtung erreicht werden. Die Zukunft der Pflegeberufe wird beweisen, ob wir den Himmel über den Gerechtigkeitsdebatten öffnen konnten. Da steht die größte Zusage der deutschen Verfassung: »Die Würde des Menschen ist unantastbar. Sie zu achten und zu schützen ist Verpflichtung aller staatlichen Gewalt.«

Ist SARS-CoV-2 ein Diktator?

Wenn SARS-CoV-2 ein Diktator ist – wer sind seine Komplizen? Was das Virus anrichtet, spielt autoritären Regimes in die Hände – oder genauer: Im Namen des Virus werden autoritäre Regimes noch mächtiger: Sie verwenden das Virus als Waffe.

Dann ist der Lockdown mit seinen Versammlungsverboten, Geschäftsschließungen und Handelsblockaden das Indiz für eine Komplizenschaft zwischen dem Virus und seinen Verfolgern: Beide Seiten brauchen die Niederlage der freien Wettbewerbskulturen, den Produktivitäts-Stopp der Marktwirtschaft. Was der Bevölkerung aufgezwungen wird unter dem Motto »Kampf gegen das Virus«, wäre dann ein Joint-Venture zwischen autoritären Imperialisten und dem Angst-Drive, den die Viruslegende treibt.

Jenseits dieser extremen Variante ist schon in der Halbzeit der SARS-CoV-2-Pandemie klar, dass der globale Rundflug des Virus inklusive des Alarmismus der Virusjäger in Deutschland und anderswo autokratische Regimes begünstigt: Sie erledigen die Anticorona-Kapitel schneller, weil Diktatoren optimalen Durchgriff auf eine unterworfene Bevölkerung haben, und zweitens, weil ein himmelstürmendes Gegenkonzept wie die unantastbare Würde der deutschen Verfassung fehlt. Ein Konzept, das die unterworfene Bevölkerung in den Wertekonsens der Gegenwelt zurückholen könnte, falls der Überwachungskapitalismus Asiens nicht als Eroberer der westlichen Wertestandards erfolgreich würde.

Schon heute, im pandemischen Jahr 2020, triumphiert die chinesische Strategie jenseits der Würde in ganz Europa: Bevölkerung einsperren, Zusammenrottungen verbieten durch Abstandsregeln, die »hygienisch« daherkommen und für Jahre das Lächeln verriegeln, die Einkaufslust absenken und die Staatshoheit in Bereiche erweitern, wo noch vorgestern bürgerliche Freiheit herrschte.

Das Virus als Waffe: Die globale Gleichschaltung von Systemantworten auf das Virus schien gegnerische Systeme zu einigen. Alle verpackten ihre Städte und Länder, alle kasernierten ihre Menschen und stoppten damit die weltweite Wirtschaft. Aber das Rezept, dem diese radikale Abwehr des viralen Feindes folgte, kam aus der totalitären Planwirtschaft Chinas. Während das Wissen über die »mäßige Gefährlichkeit« des Erregers fortschritt,[20] legten die europäischen Demokratien ihre Wirtschaft lahm, ohne zu beachten, dass für freie Marktwirtschaften Gift wird, was in totalitären Staatswirtschaften ein kleiner Zwischenfall ist.

Das heißt: Die Frage, ob das Virus ein Diktator sei, kann abgewandelt werden: Macht das Virus Diktatoren? Ist der Winzling, den niemand einsperren kann, ein Undercover-Imperator und wird, im Schlepptau der Diktatoren, ihr Komplize? Eine autoritäre Pandemie käme leicht zustande, wenn es, wie geschehen, gelingt, politische Systeme der freien Welt unter einem Therapiekonzept gegen SARS-CoV-2 zu versammeln, die den autoritären Überwachungsstaaten folgen, ohne zu beachten, dass sie damit in ein Loser-Konzept einsteigen und wehrlos den rasch erholten Diktaturen ausgeliefert sein werden, die ein Söldnerheer anstelle freier Bürger führen.

Europa gleitet nach der Teilnahme an einem tödlichen Scheinlösungskonzept obendrein flächendeckend in eine Staatswirtschaft, die uns deutlich näher an die Konkurrenten von gestern bringt. So demokratisch wie wir hineingeraten sind in die Pandemie, werden wir nicht herauskommen. Die Waffe Virus wird geschärft durch das Instrument des Ausnahmezustands, der für viele Monate – oder für Jahre? – zur Regel wird. Die Rettungsaktionen der Staaten, die nach dem Shutdown einsetzen, werden als Kampfmittel gegen das Virus ausgegeben und so kritischen Diskussionen entzogen. In Wahrheit gilt die dramatische Staatsverschuldung, die, verbunden mit einem Kurswechsel der EU, zum Allheilmittel erklärt wird, dem untauglichen Versuch, die Trümmer aller Produktions- und Handelsprozesse sozusagen zurückzukaufen. Die Rettungspartnerschaft zwischen den neuen Blöcken einer bipolaren Weltordnung klärt die neue Ungleichheit der Partner. *And the winner is:* der totalitäre Staat.

Wenn es zutrifft, dass auch Europa künftig häufiger von Epidemien erreicht wird, die durch Konsumgewohnheiten in Asien ausgelöst werden, dann werden die europäischen Nachahmer chinesischer Abwehrmethoden ihr Terrain in verbrannte Erde verwandeln. Schon die Schuldenlast aus der Panikreaktion im Jahr 2020 schwächt die Abwehrkraft Europas dramatisch. »Wir brauchen in Zeiten von Pandemien eine gute Regierungsführung«, schreibt Günther Baechler, der frühere Botschafter der Schweiz in Georgien und Armenien, Anfang August 2020 in der *NZZ*.[21] »Wer frühzeitig und effizient reagiert, kann relativ rasch die Ansteckungsketten in den Griff bekommen und die sozioökonomische Struktur und die Kultur schützen. Wer zu spät reagiert, tendiert dazu, panisch den Lockdown zu verordnen.« Und er fährt fort: »Die vier Wochen, welche die europäischen Länder im Februar/März durch Zögern verloren haben, kommen uns alle teuer zu stehen.«

Und der Botschafter beschreibt das deutsche Motiv, »verlorene Zeit« zu produzieren: »Sämtliche Politikbereiche hängen ausgerechnet von dem Teilsystem ab, welches in den meisten Ländern das schwächste Glied in der Kette bildet: vom Gesundheitssystem.« Baechler liefert schonungslosen Klartext, wenn er die Konsequenz beschreibt: »Die Anzahl der Intensivbetten wird so zum Maßstab für die Verhängung des Ausnahmezustands.«

Deutschland wurde eigentlich nicht waffenlos von den autoritären Ausbeutern der Pandemie angetroffen. SARS-CoV-2 war im Grunde die Stunde der Wahrheit, in der das Bekenntnis unserer Verfassung nicht nur zu Gesundheit und Lebensschutz, sondern zur Würde des Menschen als unantastbares höchstes Gut deklariert ist.

Nicht das Virus, sondern die Maßnahmen der Regierungen gegen das Virus haben zu globalen Verwerfungen geführt, die die Folgen von Weltwirtschafts- und Finanzkrise in den Schatten stellen.

Die deutsche Frage zu Beginn der Pandemie hätte mit einem Blick auf Artikel 1 der Verfassung lauten dürfen: Ist die Verhängung des Ausnahmezustands für alle Funktionsbereiche eines Wirtschaftsraums zugunsten eines schmalen, aber nicht unzulänglich ausgestatteten Segments im Lichte des höchsten Gutes, der Würde des Menschen, unverzichtbar? Die Pandemie-Strategen im viropolitisch gemischten Team haben diese Frage weder zugelassen noch beantwortet.

Der Eingriff in die Würde unzähliger Menschen geschah automatisch mit der Verhängung des Ausnahmezustands. Eine vertretbare Begründung fehlte. Aber die Strategie der Corona-Manager nahm von Anfang an nicht Bezug auf den Artikel 1 der Verfassung. Weitere Schritte der Notstandsverordnungen wie Ausgehverbote, Schließungen in Handel und Gewerbe, schließlich flächendeckend im Lockdown, wären nur schwer vertretbar gewesen, wenn die unantastbare Würde aller betroffenen Menschen das Maß geliefert hätte.

Anfang September bekannte der Gesundheitsminister, dass nur ein *Worst-case*-Modell, nicht aber sicheres Wissen als Begründung für den schwersten Eingriff, den Lockdown, Mitte März 2020 als ausreichend für die selbst erteilte Erlaubnis der Regierungen angesehen wurde. Auch die vernichtenden Erfolge dieses Blattschusses auf die Wohlstandskultur aufgrund von Vermutungen, ohne einen letzten Blick in die Verfassung ganz vorn, sind nur vertretbar, wenn das Wagnis weiter gelten soll, die ganz großen Herausforderungen ohne die Retterin par excellence, die Würde der betroffenen Menschen zu managen.

Jede kommende Regierung wird es hoffentlich vorziehen, der Alleinstellung im Geiste der Menschenwürde gerecht zu werden, die unsere Verfassung uns zusichert.

Schwedens Corona-Politik –
Würde im Exil

»Wir haben verstanden, dass die Pandemie nicht in ein paar Monaten vorbei sein wird«, sagt der schwedische Ministerpräsident Stefan Löfven in den ersten Septembertagen 2020. »Für uns war es also wichtig, einen Weg zu finden, mit dem die Menschen eine lange Zeit leben können. Deshalb haben wir zum Beispiel auch die Schulen nicht geschlossen. Ich denke, das war die richtige Entscheidung.«[22]

Der schwedische »Sonderweg« hat die Medien beschäftigt, seit die kollektive Agenda für ganz Europa zu gelten schien. Schweden fiel auf, und die deutsche Berichterstattung hatte Mühe, unparteiisch zu protokollieren, wie relaxt der skandinavische Nachbar eine eigenwillige Variante von Corona-Fitness entwickelte. Das geschah immerhin im Schatten des skandinavischen Nachbarn Dänemark, der seine Pandemie-Strategie synchron mit Deutschland und den europäischen Bündnispartnern festlegte.

Schwedens scheinbares *Laissez-faire* im Umgang mit der weltweit ausgerufenen Gefahr für Leben und Gesundheit beunruhigte die befreundeten Nationen in Europa auch deshalb, weil sie im *learning by doing* mit beinhartem Ordnungsmanagement übersensibel auf jeden schauten, der die »reine Lehre« stören könnte, dass nur Ausnahmezustand und Notfallregime die Seuche in Schach halten könnten.

Auch bei den Begründungen für eine Vollbremsung der dämonisch aufgeladenen Story vom Todfeind SARS-CoV-2 war Schweden kein verlässlicher Partner: Dem deutschen Beispiel folgend eine Kernfusion aller Gesundheitsbehörden in einer gigantischen Gesundheits-Arena zu unternehmen, sah Schweden keinen Anlass. Schon im Frühstadium der internationalen Abstimmungsdebatten für ein Corona-Management entschied die deutsche Regierung sich für ein Joint-Venture von regierungseigenem Forschungsinstitut und Kabinettsmitgliedern.

Schweden wurde schnell als Abweichler erkannt. Zu den kritischen Kommentaren der europäischen Nachbarn war nun regelmäßig die Stimme des Chef-Epidemiologen Anders Tegnell zu hören. Er stellte klar, dass Schweden einen wohlerwogenen wissenschaftlich fundierten Weg mit der Pandemie gehen werde. Nicht die Politik werde die Entscheidungen zu treffen haben, so begriffen die Beobachter aus den Nachbarstaaten, sondern die Gesundheitsbehörde.

Im Halbzeitgespräch mit der *FAZ* betont der Ministerpräsident, wie wichtig die schwedische Regierung diese klare Bündelung der Verantwortung bei der fachkundigen Institution nimmt: »Ich kann für Schweden aber sagen, dass wir einen Weg für uns finden mussten, der nachhaltig ist«, betont Löfven. Und er fährt fort: »Die zuständige Gesundheitsbehörde hat zudem eine starke Stellung in der schwedischen

Gesellschaft.« Der Interviewer fasst nach: »Muss in so einer Krise nicht die Politik die Verantwortung übernehmen und die Entscheidungen endgültig treffen?« – »Das kann man so sehen«, antwortet der schwedische Regierungschef. »Man kann aber auch sagen, wenn man eine Behörde mit so einer Expertise hat und wir ihr die Verantwortung für so eine Situation zugewiesen haben, wäre es doch viel fragwürdiger, wenn sie von anderen Forschern kritisiert wird und wir dann als Politiker kommen und sagen, wir sind die besseren Experten, wir entscheiden das jetzt.«

Was Löfven dann abschließend sagt, führt zurück in das Frühjahr 2020, als die europäischen Journalisten zu fairen Kommentaren kaum noch fähig schienen und die schwedischen Gesprächspartner in eine dauerhafte Defensive gedrängt wurden: »Wir vertrauen, und das ist eine der Säulen für das Funktionieren der schwedischen Gesellschaft ...«[23]

In den ersten Monaten des Jahres 2020 fürchteten andere europäische Regierungen um ihre Glaubwürdigkeit. Schwedens entspannte Agenda könnte Zweifel an den Verbotskonzepten auslösen, die dem deutschen Motto »Lebensschutz/Gesundheit« und den Kontaktsperren zu Alten, den Ausgehverboten und den bald folgenden Schließungen von Kitas, Heimen und Schulen gelten könnten. Die regierungstreue deutsche Presse lieferte überwiegend kritische Bewertungen zu den schwedischen Verhaltens-»Empfehlungen«, denen in Deutschland und anderswo Gebote, Verordnungen und »Maßnahmen« gegenüberstanden. Vermutungen zu schwedischer Ahnungslosigkeit und Leichtsinn lieferten Beruhigung für schwankende Beobachter, die sich zu Hause, im Griff der deutschen Perfektion, nicht benachteiligt fühlen wollten.

Das Phänomen Schweden näher zu betrachten bringt in Wahrheit überraschende Durchblicke auf Ländertemperamente beim Umgang mit existenziellen Bedrohungen der gewohnten Lebensstandards. Dass die Schweden mit weniger Verboten zu ähnlichen Vorsichtshaltungen fanden wie die Deutschen, verwundert niemanden, der die schwedische Mentalität kennt.

Schweden bietet viel Raum für nicht zu viele Menschen. Wer weit entfernt vom nächsten Nachbarn wohnt, wird nicht fremdenfeindlich, sondern gastfreundlich. Wer bei bescheidenem Einkommen ein kleines Sommerhaus am Meer hat und dort die drei Monate Sommerferien mit seinen Kindern verleben kann, der fühlt sich jedem Wechselfall des Lebens eher gewachsen als ein Großstadtkind, das im Hotspot einer Metropole lebt, ohne vom Sommer träumen zu können. Historiker werden eines Tages erklären, warum die Schweden eine so großzügige Spielart von Corona-Strategie entwickeln konnten.

Ja, die Bevölkerung vertraut der Regierung, das ist ein Aktivposten, den sich keine Regierung kaufen kann. Aber warum vertrauen die Schweden ihrer Regierung? Auch heute steht dort, wie meist in den Nachkriegsjahren, ein Sozialdemokrat an der Spitze. Auch er sagt: »Wir vertrauen.« Er hat also begriffen, dass Vertrauen ein Echolot ist. Natürlich hat Schweden auch verwahrloste Jugendliche in den großen und kleineren Städten. Aber das Göttergeschenk einer unerschöpflichen Landschaftsreserve mit einer Inselwelt, die jedem zugänglich ist, stärkt das Selbstvertrauen. Stadtkind oder Student in Stockholm zu sein heißt unausweichlich in einer Seenlandschaft zu leben, wo »Abstand« gegeben ist und dasselbe betörende Abendlicht übers Wasser streicht wie im Club, den man nicht aufsucht, weil er einfach zu dicht besucht ist. Die schwedische Lockerheit, so meinten die Kommentatoren aus dem deutschen Drohklima, würde sich rächen oder sich katastrophal erledigen. Aber die Verzichtszwänge waren geringer, denn viele Restaurants blieben offen, vor allem aber die täglichen Gewohnheiten wie Kita, Schule und Büro wurden nicht verriegelt. Auch die meisten Geschäfte sind offen, und die Grenzen zu Nicht-EU-Nachbarn sind geschlossen. Kein Krieg gegen das Virus wurde ausgerufen, wie es der französische Premier Macron getan hat. Aber jeder Schwede, jede Schwedin kennt den Katalog der Empfehlungen. Und die meisten halten sich daran.

Ein Konzept zugunsten der Würde? Eindeutig und ganz ohne Pathos. Hier gilt *dignitas,* die Würde aller Bürger.

Die Unantastbare triumphiert

Natürlich wurde auch Schweden vom Zusammenbruch internationaler Handelsbeziehungen erreicht. Die radikalen Lockdowns der Wirtschaftspartner, das Reißen der Lieferketten erreichte jeden Geschäftspartner weltweit. Schon in den ersten Monaten des Jahres 2020 setzte Schweden nicht auf Strategiewechsel und Strategievolten, die in anderen Ländern Vertrauen kosten, sondern auf Langfristigkeit. Nachhaltig sollte die Strategie sein, darum sollten Lern- und Spielorte, also Kindergärten und Schulen nicht dauerhaft geschlossen werden. Ein Stand-by gab es für öffentliche Einrichtungen und Nahverkehr: Der Ministerpräsident setzte ein Notstandsgesetz durch, das ihm im Bedarfsfall erlaubt, öffentliche Einrichtungen und Nahverkehrslinien akut zu schließen.

Schwedens Chefepidemiologe Anders Tegnell hat sich als beharrlicher und belastbarer Erklärer und Verteidiger der schwedischen Entscheidung erwiesen. Er sagt Sätze, die in Deutschland selbst unabhängige Experten nicht riskieren:

Die vielen Toten in Altenheimen und Pflegeeinrichtungen, so Tegnell, wären auch durch einen Lockdown nicht verhindert worden. Ein großer Fehler sei die Nichteinhaltung von Hygieneregeln gewesen.[24]

Bis zu 50 Prozent der Todesfälle durch und mit Corona gehen in Schweden auf Heime zurück. Im August 2020 nennt der Ministerpräsident diese Schwachstelle im schwedischen Gesundheitssystem, die eine neu gegründete Kommission untersuche.

Vielleicht kommen in dieser Untersuchung auch die unterschiedlichen Zählweisen für Covid-19-Tote zur Sprache, die den Schweden in der kritischen Presse der europäischen Nachbarn offenkundige Nachteile brachten. Um eine faire Berichterstattung zum Fall Schweden kümmert sich der Schweizer Journalismus eher als das übrige Europa: Beide Länder folgen ähnlichen Strategien und kooperieren in der Medizin seit Jahrzehnten. So ist es die Schweizer *Weltwoche,* wo der schwedische Schriftsteller Johan Norberg im August 2020 richtigstellt:

»Vermutlich steht Schweden besser da, als es solche Vergleiche nahelegen. In einigen Ländern werden Corona-Todesfälle außerhalb von Spitälern nicht gemeldet. In Schweden werden die Infektionszahlen mit dem Bevölkerungsregister abgeglichen. Stirbt jemand binnen dreißig Tagen nach einer Covid-9-Diagnose, gilt das als Covid-19-Todesfall – selbst wenn die Todesursache Krebs oder Herzinfarkt war. Tatsächlich meldet Schweden die Zahl derjenigen, die mit Covid-19 sterben – und nicht die Zahl derer, die an Covid-19 sterben. Dagegen werden in Norwegen, einem kulturell verwandten Nachbarland, Covid-19-Tote nur registriert, wenn ein Arzt attestiert, dass der Betreffende an dieser Krankheit gestorben ist.«[25]

Die deutsche Intensivmedizin folgt im Corona-Projekt deutlich anderen Grundsätzen als die schwedische. Schwedens Intensivmediziner diskutieren mehr als die Kollegen in deutschen Kliniken darüber, »ab wann es sinnvoll und ethisch vertretbar ist, schwer kranke Patientinnen und Patienten, die über 80 Jahre alt sind, intensivmedizinisch zu behandeln. Letztlich bleibe es eine Einzelfallentscheidung, wer etwa beatmet wird.«[26]

In Deutschland gibt es dagegen eine Debatte unter Fachärzten, ob die großzügig gehandhabe und auf Wochen ausgedehnte Beatmung, die im Corona-Geschehen auffällt, wegen bekannter Behandlungsfolgen weniger häufig verordnet werden sollte. Was beide Länder unterscheidet, zeigt sich auch in der Corona-Medizin: Die apparative Perfektion dominiert das deutsche Gesundheitssystem, und das Losungswort der Virusmanager »Lebensschutz/Gesundheit« wird mit Hightech-Leben erfüllt: Intensivbetten, Beatmungsgeräte. Für die hochtechnisierten Ausbauziele im System Gesundheit müssen deutsche Bürger Grundrechte preisgeben, darunter auch das Recht auf Gesundheit und körperliche Unversehrtheit. Wer nicht ins Freie darf, leidet bald an Bewegungsmangel, schlechter Atemluftqualität und Stress durch zu viel Nähe bei gleichzeitig gültigem Distanzgebot.

Schweden übt keinen Maskenzwang, und selbst der Ministerpräsident zögert auch Anfang September 2020 nicht zu begründen, warum die schwedische Gesundheitsbehörde und die Regierung sogar auf eine bloße Empfehlung zum Maskentragen verzichten. Bleibt es dabei? Löfven dazu im *FAZ*-Interview am 5. September: »Das ist eine offene Frage, sagen die Experten. Es ist aber klar, dass die Maske allein nicht die Antwort sein kann. Natürlich sehnt man sich nach einfachen

Antworten, aber wenn man sich nur eine Maske aufsetzt, ist nicht plötzlich alles gut. Man muss aufpassen, dass dann nicht andere Fehler passieren, man etwa die Distanz nicht mehr wahrt oder zu viele Menschen in einen Bus lässt. Das ist der wichtigste Punkt bei der Diskussion in der Gesundheitsbehörde: Man sollte aus dem Mundschutz nicht das zentrale Instrument machen. Er kann helfen, da gibt es kein Schwarz oder Weiß, wir brauchen aber viele Maßnahmen.«

Weder die Gesundheitsbehörde noch die schwedische Regierung hielt einen Lockdown für unausweichlich. Das *social distancing* führte auf freiwilliger Basis zu weniger Museums- und Kinobesuchen. Auch Supermärkte wurden weniger aufgesucht, die Nahverkehrsmittel hatten weniger Fahrgäste, wie Google Mobility Report nachweist.

Während die radikalen Strategen anderer Länder sinkende Infektionszahlen wider besseres Wissen ihrem Zerstörungswerk im Lockdown zuschrieben, sanken auch in Schweden die Infektionszahlen.[27] »Wider besseres Wissen«: Der Lockdown wurde von der deutschen Regierung als Schicksalsschlag verkauft und mit Zielzahlen für das Virus-Bremsprojekt belegt, Zahlen allerdings, die beim Start des Knock-out-Schlags in die Marktwirtschaft bereits erreicht waren.[28] Auch als dieser verblüffende Widerspruch bekannt wurde, fragte niemand: War das ein Informationsleck bei der Regierung oder ein Täuschungsmanöver?

Seither bewegen sich die Lockdown-Nationen auf verbrannter Erde. Schuldenberge werden die Verluste an Herkunfts- und Zukunftsgeschichte der freien Völker zuschütten, aber nicht freischaufeln können.

Die Würde des Artikels 1 im Grundgesetz wurde derweil zur Schirmherrin eines skandinavischen Nachbarlandes, das zugunsten der Menschen, nicht der Systeme Pandemiepolitik machte. Ohne Hinweise auf das Ethos der schwedischen Corona-Politik vertritt die Regierung im Bündnis mit der Gesundheitsbehörde und mit den Bürgern ein Konzept, das den Sinn-Agenturen der menschlichen Gesellschaft keine pauschale Schließung zumutet.

Die Argumente sind so differenziert wie die Folgerungen: Für einen Infektionsfall ganze Schulen zu schließen hält man in Schweden für unvernünftig. Überall war der Grundgedanke führend, dass es um Menschen geht, zu deren Wohlergehen die Systeme verfügbar bleiben sollen: zum Lernen, zum Spielen, zum Austausch von Ideen und Erfahrungen. Darum blieben Krippen und Kindergärten und Grundschulen geöffnet.

Wer nachfragt, erfährt, was auch Deutsche wissen: Realismus steckt hinter diesen Entscheidungen, nicht Träumerei. Die geringe Rolle von Schulen und Kindergärten für die Ausbreitung des Virus ist auch hierzulande bekannt.[29]

Schwedens Pandemiepolitik ist nüchtern und wissenschaftsorientiert. Selbst Kritiker der soften Empfehlungs-Strategie folgen einem aufgeklärten Modell zum Virusprofil, das in Deutschland Empörung auslösen würde: In einem Brief an die Zeitung *Dagens Nyheter,* eine der meistgelesenen Tageszeitungen Schwedens, plädierte eine große Zahl von Wissenschaftlern für eine strengere Regierungslinie mit den Worten: »Der Ansatz muss radikal und schnell geändert werden. Während sich das krankheitsfreie Virus ausbreitet, ist es notwendig, die soziale Distanz zu vergrößern.«[30] Die schwedischen Experten sprechen hier von symptomfreiem Übertragungsgeschehen, das zu jeder Pandemie gehört.

Schweden erforschte auch Antikörperzahlen und Immunisierungseffekte nach Ansteckung oder Covid-19 in der Bevölkerung. In Deutschland wäre die Wendung vom »krankheitsfreien Virus« publizistisch tödlich. Die Undercover-Spur des Virus, die Hunderttausende von symptomfreien Viruskontaktpersonen zeigen würde, ist in der deutschen Viruskommunikation mit Tabu belegt. Hier gilt offenbar der Angstpegel, orientiert am *Worst-case*-Szenario, als das Führungsinstrument der Wahl.

An die Würde der chronisch Beunruhigten zu denken fehlt dem deutschen Strategieteam nicht nur die Zeit. Auch das Ethos ist in Quarantäne.

Die schwedische Gesundheitsbehörde hat schon pandemiebegleitend eine Bewertung der nationalen Strategie in Auftrag gegeben. Auch einige Einwände europäischer Nachbarn konnten dabei geklärt werden, so die hohen Sterberaten in Altenheimen. Tatsächlich leben in Schweden knapp 70 Prozent der alten Menschen in Heimen. Die »Risikogruppe« war damit in den Altenheimen überrepräsentiert. Selbstkritisch merken die schwedischen Forscher trotzdem an, dass noch mehr zum Schutz der Gefährdeten hätte getan werden müssen. »Und es wäre gut gewesen«, bemerkt der Chefepidemiologe Anders Tegnell, »wenn man exakter gewusst hätte, was man schließen soll, um die Infektionsausbreitung besser zu verhindern.«[31]

Hat in einem dünn besiedelten Land wie Schweden die Würde des Menschen eine größere Chance? Soziale Nähe, der man in deutschen Großstädten kaum entkommen kann, muss dort nicht eigens durch Verbote bekämpft werden. Eine Zehn-Millionen-Nation mit 50 Prozent Single-Haushalten – das ist Rekord in der EU – setzt offenbar auf Unabhängigkeit des Einzelnen. Und diese Unabhängigkeit scheint für die

Bereitschaft zu bürgerlicher Solidarität eine gute Voraussetzung.

Schweden ist, entgegen den düsteren Prognosen der Neidkomplexe mancher Beobachter, vergleichsweise gut durch den Zenit der Corona-Krise gekommen, so das Europäische Statistikamt Eurostat: »Nur in vier europäischen Ländern wuchs die Wirtschaft im ersten Quartal des Jahres 2020 – in Irland, Rumänien, Bulgarien und Schweden.«[32]

»Die Schweden scheinen ein Identitätsgefühl zu haben«, urteilt der Virologe Alexander Kekulé, wenn man ihn fragt, ob die Deutschen etwas von den Schweden lernen können. Möglicherweise ja, und wenn es den Schweden gelänge, die empfindlichen Gruppen zu schützen und dem Rest der Menschen große Freiheiten zu gewähren, »dann könnten wir auch unsere Strategie entsprechend anpassen«, meint Kekulé. Sein Kollege Andreas Radbruch weist darauf hin, die Leopoldina, die Nationale Akademie der Wissenschaften in Deutschland, die von der Kanzlerin vorübergehend in die Teamentscheidungen der Corona-Manager einbezogen wurde, habe »teilweise ähnliche Maßnahmen wie in Schweden empfohlen«.[33] Warum bekam die Leopoldina nur eine Gastrolle?

Schweden beginnt auch das neue Schuljahr ohne Maskenpflicht. Im öffentlichen Leben ist die Maskierung weiterhin weder verpflichtend noch empfohlen. Schweden sehen Menschengesichter offenkundig gern komplett. Ja, es ist auch ein Mentalitätsthema der Völker, das bei der Verordnung von kollektiven Handicaps mitspielt.

Sollen wir behindert kommunizieren, weil das die Seuchendemut wachhält?

Ist den Verordnern klar, dass sich das Masken-Handicap der so gebremsten Marktteilnehmer auf die schwer erkrankte Wirtschaft überträgt?

Wer in Schweden lebt, erfährt eine Stärke der Bevölkerung im Mittelfeld: uneitles Fairplay, das mit mäßiger Flughöhe rechnet, um die Vertrauensatmosphäre der Nation gemeinsam zu genießen. Skandinavien begünstigt starke Frauen in der Politik, auch die Norweger und die Dänen beweisen das. Dänemarks ehemaliger Ministerpräsident Lars Løkke Rasmussen vertritt die Meinung, Dänemark hätte Schwedens Beispiel folgen sollen. Tatsächlich hat Dänemarks Regierungschefin Mette Frederiksen *last minute* den Turnaround vollzogen.[34]

Während das deutsche Verfassungs-Solo zugunsten der Würde die deutschen Manager der Pandemie vielleicht verspätet doch noch für das beispiellose Versprechen der unantastbaren Würde gewinnt, hat die Weltmacht Würde im schwedischen Exil ihr Leuchtfeuer entzündet, das auch am deutschen Wertehimmel als Polarlicht schimmert.

Noch immer sind wir Fremdlinge im Universum der Natur

Das Virus ist Natur pur. Waren wir nicht die Schirmherren von Natur, weltweit? Wie können wir jetzt sagen: »Das Virus muss weg?« – Wer uns so fragt, hat einen schweren Stand. Das Virus ist – ja was denn? – fehlgeschlagene Natur, weil es Menschen töten kann? – Aber hatten wir jemals Erfolg mit der Unterwerfung der Natur? Oder mit dem Versuch, die Natur zu übertreffen? *Homo digitalis* investiert ja gerade in den Maschinenmenschen, eine Mutation, die seine eigene Natur überwinden oder wenigstens übertreffen soll.

SARS-CoV-2 haut da ziemlich plump dazwischen und weckt archaische Kampfimpulse. Da wir ihn selbst mikroelektronisch schwer bewaffnet nicht einfangen können, muss er dämonisiert werden. Unsere Waffenkammern liefern zwar hochpräzises Gerät, mit dem wir ihm nachspüren, aber ihn zu entwaffnen, reicht unser Wissen und Können über seine komplette Identität noch nicht aus. Wir agieren im Nebel.

Die Corona-Strategien der Völker spiegeln weltweit unser Fremdeln im Umgang mit der allmächtigen Natur.

Auch die Offensiven zum Klimawandel oszillieren zwischen defensiven und aggressiven Konzepten

Den Klimawandel stoppen (so Merkel noch 2019 in Harvard) oder ihm ein klares Ultimatum entgegenschleudern wie das Zwei-Grad-Limit, sind Projekte, die von panischer Selbstüberschätzung zeugen. Ideologisch wird das Szenario dann für weitere Zeitverluste geöffnet. Ein Bekenntnis wird verweigert: dass wir selbst, als Sieger der Evolution, mit der allmächtigen Herrin der Geschichte, der Natur, kooperieren müssen, um nicht zu Verlierern der nächsten Klima-Etappe zu werden.

SARS-CoV-2 erscheint als Störenfried auf der brüchigen Bühne Europas, und die Versuchung, ihn mit Win-win-Formeln wegzuforschen, ist genauso groß wie die andere: ihm in archaisch inspirierten Riten alles zu opfern, was unsere Urväter auf den Altären für ihre Naturgötter aufgehäuft haben, um die Olympier gnädig zu stimmen.

Immerhin hatten die Hochgebildeten unter unseren Vorfahren, die Herrscher Ägyptens und Kleinasiens und die Vorstürmer unserer abendländischen Kultur, die Griechen und Römer, ein realistisches Bild von dem Kooperationsdruck: Im Umgang mit der Natur nicht als Imperator aufzutreten war die realistische Konsequenz im ungleichen Kräfteverhältnis. *Homo sapiens* ist seither beschäftigt mit dem Austesten seiner Siegerrolle. Jeden Beweis seiner Ohnmacht liest er als Katastrophe.

Homo sapiens, der Sieger der Evolution,
ist mit einem egozentrischen Bild des Kosmos unterwegs

Die »hoch entwickelten« Wohlstandskulturen versuchen sich
an einer Korrektur ihres Stellenwerts im Universum. Nicht
die Egozentrik ihres Weltbildes und die Überschätzung der
eigenen Reichweite stehen auf dem Programm des *homo digitalis,* der, wie er findet, zur Unzeit vom archaischen Überfall
durch SARS-CoV-2 überrascht wird. Der digitale Weltentwurf soll nichts Geringeres bringen als eine Mutation, erstmals selbst inszeniert an Mutter Natur vorbei.

Da nimmt sich der immerhin virtuelle Imperialismus des
Erregers wie ein Rückfall in die Urzeit aus. Die Kränkung
geht tief. Aber die Egozentrik wird nicht von Demut oder,
best case, von Verhandlungsbereitschaft abgelöst. Gegnerschaft
bleibt das Konzept, weil leichter lesbar: bipolare Welt. Da
muss einer auf dem anderen Ufer stehen. Dass sie damit die
Spaltung der Natur fixieren, zu der wir genauso gehören wie
SARS-CoV-2 und seine Vorgänger und Nachfolger, ficht die
Manager des Antivirenkriegs nicht an. Sie brauchen simple
Codes, um die Illusion zu füttern, dass der Sieg über unerwünschte Einwanderer wie SARS-CoV-2 in Reichweite
liege.

SARS-CoV-2 ist aber ein Kontaktgenie. Nur unser Kontakt mit ihm, im Sinne unserer außenpolitischen Gewohnheiten, misslingt katastrophal. Aber das Virus ist Natur! Da wir
doch Retter der Natur sind, passt das alles nicht zusammen:
dass wir dieses natürliche Kommunikationsgenie behandeln
wie ein Raubtier, das man, wenn es geht, in Ketten legt. Dass
wir versuchen, ihn in seinem Erfolgslauf zu bremsen, so als
wäre er von einer feindlichen Macht in unser Revier eingedrungen, widerrechtlich. Die Natur bekämpfen − Moment

mal, beim Klimathema machen wir das doch auch. Das Klima will sich wandeln? Ohne uns. Wir reißen also die Verantwortung für den Wandel an uns, als reuige Sünder werden wir ihn stoppen. Wir können ihn nämlich nicht gebrauchen. Wir bekämpfen die Natur, statt mit der Übermächtigen zu kooperieren.

Wäre es möglich, dass der Megaschaden, den wir uns als ohnmächtige Gegner von SARS-CoV-2 zufügen, hätte vermieden werden können, wenn wir die Spielregeln der Natur, denen SARS-CoV-2 folgt, nicht zu brechen versucht hätten?

Das heißt aber: Wir bekämpfen hier Natur, und zwar mit einem paradoxen, absurden Mittel: mit der Selbstvernichtung. Wir nehmen uns selbst von der Weltkarte, um eine *Tabula rasa* zu schaffen, auf der das Virus kein Futter mehr findet. Und was wird aus unserem Futter? Was wird aus unseren Kommunikationsnetzen weltweit? Was wird aus unseren Träumen? Wer rettet unsere Seelen?

Wo liegt in unserer SARS-CoV-2-Strategie der fatale Fehler, der uns, wie wir meinen, diesen Preis aufzwingt? Der Preis ist unsere Würde! Die der Kinder, der Alten, vorneweg.

Es ist unsere selbst formulierte Mission, auch unter SARS-CoV-2-Kontakt auf Gesundheit, Lebensschutz um jeden Preis zu setzen.

Wie und in welche Richtung wäre diese Strategie im Geiste des Würde-Auftrags unserer Verfassung zu ändern?

Wenn das totalitäre Modell für Corona-Management für demokratische Marktwirtschaften nicht taugt, wie könnte die Lösung für freiheitliche Wettbewerbskulturen aussehen?

Der Schlüssel: Wer dem planwirtschaftlichen Lösungsmodell folgt, stellt sich gegen die Natur. Auch für die Nachfolger von SARS-CoV-2 ist das planwirtschaftlich kein Problem, weil dem System die Transzendenz fehlt.

Die freien Staaten tappen in diese Falle der totalitär gepolten Kollegen, haben aber nichts in der Hand, um die Revolten der freiheitsdurstigen Bevölkerung gegen den planwirtschaftlichen Lockdown zu beherrschen. Das Mindset ist anders programmiert.

Erfolgreich im Umgang mit der Natur können die liberalen Wettbcwerbskulturen nur werden, wenn sie die Übermacht der Natur zu achten lernen.

Das Virus lässt sich nicht an die Kette legen. Sein Tempo abzubremsen kostet mehr, als wir regenerieren können, ökonomisch wie qualitativ. SARS-CoV-2 stellt den hoch entwickelten Zivilisationen genau dieselbe Aufgabe wie der Klimawandel. Noch scheitern wir.

Was die führenden Industrienationen an Verwerfungen beschlossen, verordnet und durchgesetzt haben, übertrifft das Zerstörungspotenzial des Virus bei Weitem.
Die hohe Jetzt-Kompetenz des Virus bleibt weit hinter der Zerstörungspower zurück, die der Amoklauf der Wohlstandsnationen unter dem harmlosen Label »Maßnahmen« entwickelt. Die Lösung muss derselben Formel folgen, die zur Überlegenheit der freiheitlichen Marktwirtschaften geführt hat. Die Leistungsbereitschaft demokratisch geprägter Systeme beruht auf den Freiheitsspielräumen, die Eigenwohl und Gemeinwohl zur Deckung bringen. Söldnerkulturen in planwirtschaftlichen Systemen organisieren den Verlust von Freiheit als Trainingsergebnis des Entzugs von Freiheit. Das Freiheitsversprechen der demokratischen Systeme liefert in seinem Menschenbild den Durchblick auf transzendente

Strukturen, die der Güter- und Geldwirtschaft eine klare Handlungsschranke zeigen.

Das höchste Gut freiheitlich verfasster Gesellschaften ist die Würde des Menschen. Sie steht in Artikel 1 der deutschen Verfassung. Sie ist nicht verfügbar für Tauschgeschäfte. Sie ist unantastbar.

Dieser Transzendenzanteil ist es, der das Corona-Management der freien Staaten anders gesteuert hätte als das 2020 verwendete Modell der totalitären Überwachungssysteme. Achtung vor der Natur, die mächtiger ist als wir, hätte dem Virus und den Menschen, die es zu managen versuchten, jenen transzendenten Rang nicht streitig gemacht, der ein hochmütiges in ein maßvolles Management gewandelt hätte. Tatsächlich zeichnet unser gestörtes Verhältnis zur Natur eine deutliche Spur im Managementkonzept der Spontangründung eines Start-ups »Corona-Management« aus Virologie und Politik. Die Firma bezeichnete sich nicht als solche, weil die Führungscrew eher informell zustande kam. Die Virologen hielten sich zurück mit »nurwissenschaftlichen« oder gar NATURwissenschaftlichen Plädoyers zum Zusammenleben von Menschen und »Erregern« in jeder Hinsicht. Ein Naturphilosoph war und ist so wenig an Bord wie die andere ersehnte *persona grata,* der Staatsphilosoph.

Beide hätten vielleicht eines Abends, bevor alle Individuen hinter Masken gleichgeschaltet wurden, zu einem Symposium geladen, das vom Umgang des Menschen mit den Erregern von biologischen und ideologischen Infekten gehandelt hätte. Auch das Symposium wäre zum Kern der laufenden Story vorgestoßen: der Kooperation zwischen dem erfolgreichsten Mitspieler im Jahrtausenddrama Evolution des Lebens, *homo sapiens,* und einem »Störenfried« aus dem artenreichen Pool der Vaganten im Universum. Sie alle hat der erschrockene *homo sapiens* spontan als geborene Feinde seiner egozentrischen Weltsicht eingeordnet.

Wer unsichtbar und unfassbar agiert, so der Trugschluss menschlicher Präpotenz, kann kein Kooperationspartner, er kann nur Feind sein. Er muss entwaffnet, vertrieben, unschädlich gemacht werden. Schnell war deutlich: Das funktioniert nicht. Mit dem Überleben des ungreifbaren Gegners muss gerechnet werden. Eigentlich ein Grund, über Kooperationsangebote nachzudenken.

Die Pandemiemanager bekämpfen inzwischen zwei Gegner: das Virus und die Menschen, die sie vor dem Virus schützen wollen. Eine Art Kriegsberichterstattung ist entstanden, weil auch die Führungscrew nicht die Kraft findet, ihre und unsere Perspektive der Wirklichkeit anzupassen. Auch die Bürger haben nun zwei Gegner: das Virus und die Aufseher. Entwürdigend ist das auf jeden Fall.

In der Pandemie begegnen zwei anspruchsvolle Vertreter der Evolution einander. Einer hat den Sieg bereits in der Tasche, so glaubt er, das ist *homo sapiens,* und einer ist ein ganz anderer, ebenfalls ein Kind der Natur, der nicht einmal sprechen kann, ein ungebetener Gast, der einfach bleibt, obwohl die Tür geschlossen war, als er kam.

Die Pandemiemanager müssen von Konfrontation auf Kooperation schalten, wenn sie ihrer Aufgabe gerecht werden wollen. Es reicht nicht, physisches Überleben der Virusgastgeber zu versprechen, ohne die Würde aller »zu achten und zu schützen«.

Seit vielen Monaten verlängern die ehrgeizigen Wohlstandsstaaten den Aufenthalt des Virus bei uns, obwohl sie den Preis kennen: Würdeverlust bei den Menschen, die ihre vornehmsten Rechte für unabsehbare Zeit dem Konzept opfern sollen, das die Immunlage so verletzlich hält, dass Rückwege ins Gelobte Land der unantastbaren Würde illusorisch erscheinen.

Wer Würde schützen will, muss von flächendeckenden Pauschalverboten Abstand nehmen. Unser Viruswissen reicht längst für differenzierten Schutz: für Kinder, für Erwachsene, für Gesunde und Kranke. Den Nutzen von 10 Prozent der Menschen durch Verbote für 100 Prozent der Menschen im Staat mehren zu wollen, verstößt gegen Artikel 1 unserer Verfassung, denn die Würde ist individuell, und nur so ist sie zu achten und zu schützen.

SARS-CoV-2 ist gekommen, um zu bleiben. Er kann sein biologisches Programm nicht ändern. Unser Wissen über die Grade seiner Gefährlichkeit hat zugenommen. Die Kriegsberichterstattung der Pandemie-Strategen verweigert beharrlich die Nachrichten, wie viele neu Infizierte als pflegebedürftig und wie viele als symptomfrei oder mit leichten Symptomen als »infiziert« geführt werden. Der längst zweifelhaft gewordene »Ausnahmezustand« wird nicht beendet.

Mit dem Virus zeigt die Natur uns ein Gesicht, das wir vorschnell nur als »Gegner« eingestuft haben. Risikoavers, wie wir zu leben gewohnt sind, beginnen wir gar nicht erst mit der Generaldebatte, welche Heiligtümer unserer Kultur wir nicht dauerhaft wegschließen wollen, nur um alle Menschen risikofrei vom Gegner fernzuhalten. Mehr Bewegungsspielraum in Anwesenheit des ungebetenen Gastes wollen wir gar nicht erst freikämpfen, obwohl wir zu ahnen beginnen, dass die soziale Aversion, die wir uns anerziehen, die kollektive Psyche und unsere Würde schädigt.

Seit dem Eintritt des Virus in unser Land bildet sich eine Immunreserve, die ohne die panische Spaltungspolitik, die Infizierte pauschal mit Kranken gleichsetzt, die erforschten 40 Prozent früher erreicht hätte, die unseren Umgang mit dem Virus entdämonisiert und uns die Würde zurückgegeben hätte.[35]

Im Virusherbst 2020 lesen sich die Ratschläge von Zwischenrufern aus der Wissenschaft eher wehmütig: »Bei der Bekämpfung der Corona-Pandemie sieht der Virologe Hendrik Streeck eine Chance während der Sommermonate«, meldet die *Welt* im Juni 2020. »Es könne möglicherweise eine Teilimmunisierung in der Bevölkerung aufgebaut werden, die dann den weiteren Verlauf der Pandemie abschwäche, sagte der Bonner Professor. ›Wir sollten uns über den Sommer ein bisschen mehr Mut erlauben.‹ Derzeit zeigten Studien, dass bis zu 81 Prozent der Infektionen asymptomatisch verliefen. Das heißt, die Infizierten haben keine oder kaum Symptome«, erklärt der *Welt*-Redakteur. »Die Zahl der Covid-19-Erkrankten auf den Intensivstationen ist derzeit rückläufig‹, sagte Streeck. ›Es besteht eine Chance, dass wir über den Sommer die Anzahl der Personen mit Teilimmunität erhöhen können.‹«

Eine Stimme der Vernunft, die kaum Echo findet. Streeck fährt fort: »Was wir sehen, ist, dass auch Menschen mit asymptomatischen Verläufen eine Immunität oder Teilimmunität aufbauen. Wir wissen noch nicht, ob es eine schützende Immunität ist, aber sie bauen zumindest Antikörper gegen das Virus auf, und da kann man davon ausgehen, dass das zumindest einen Teilschutz ergibt. Wenn wir jetzt während der Sommermonate solche Infektionen zulassen, dann bauen wir eine schleichende Immunität in der Gesellschaft auf, die dann am Ende diejenigen schützt, die auch einen schwereren Verlauf haben können.«[36]

Noch im Oktober 2020 passt diese gelassene Stimme der Vernunft nicht ins deutsche Alarmkonzept. »Zulassen«, was dem deutschen Entwurf von Perfektion widerspricht, das hieße immerhin ein Fenster aufstoßen, durch das die Unantastbare hereinfliegen könnte zu den Alarmteams und ihren strafbedrohten Maskensöldnern: Die Kinder wären die Ersten, die jubeln würden, weil die Vernunft zurückkehrt. Und mit dem Jubel der Kleinen kehrt das Lächeln der Würde in die Gesichter der Großen zurück.

Der Herbst 2020 liefert ein schillerndes Bild: Ziviler Ungehorsam kollidiert mit kontroversen Regierungskonzepten zur Verschärfung der Verbote und Radikalisierung der Strafen für Verstöße im Corona-Ghetto. Das Virusmanagement erlebt seine Stunde der Wahrheit. Wer nicht nur missmutige Maskenträger mittleren Alters fragt, sondern die lässiger maskierten Jungen mit Raubtierlächeln auf dem schwarzen Vlies um Mund und Nase, deren Augen immer noch lachen, der ahnt, was die kühnste Folgerung in der steigenden Flut der Infektionen sein könnte. Auch die Originellen unter den Vaganten auf den weiland Prachtstraßen Berlins – Kurfürstendamm und Unter den Linden – geben kodierte Antworten. »We will overcome«, sagt ein Kunststudent hinter seiner Tigermaske. »Nix SOS, wir werden überleben – und ihr auch«, sagt sein Freund den spontan gestoppten Maskenkumpels, die nur flüchtig grüßen wollten und nun stehenbleiben. Ein Blondschopf, Bärenmaske für Berlin, wagt die neue Losung: »Nicht gegen das Virus leben, sondern mit dem Virus leben.« Keiner sagt was. »Sorry: Christian, Naturwissenschaftler«, sagt er in die Stille. Noch ein paar Schweiger sind dazugekommen. Wer sie so da stehen sieht, fühlt plötzlich einen noch kühneren Gedanken. So könnte es anfangen: Die Bürger holen sich ihre Würde zurück.

Plötzlich triumphiert die Unantastbare – Wenn Verbündete das deutsche Würde-Konzept verteidigen

Gesundheitspolitik made in Germany ist nicht immun gegen das Germany-First-Syndrom aller Wendemanöver, auf die Merkel-Deutschland zurückblickt. Corona-Bürokratie schafft Arbeitsplätze. Deutsche Präzision und Perfektion sind auch im Viruskrieg Anwärter auf Spitzenplätze im globalen Wettkampf. Wer bremst am besten aus, wer schafft die Vollbremsung gegen den Kleinstdrachen, dessen DNA niemand zu Ende buchstabieren kann? Wer ist mit den siegverdächtigen Impfforschern verbündet? Deutschland?

Für Bürger wird der Alarm nicht abgeschaltet. Warum? Das Adrenalin der Corona-Gesellschaft sorgt für radikale Jetzt-Kompetenz. Coronafit, so die unausgesprochene Botschaft des Gesundheitsmanagements, ist jeder, der gehorcht und keine Fragen stellt.

Nur in Schweden flackert Wissen auf, das eine andere Lesart für die täglichen Zahlenkolonnen der Infizierten über die Medien vorschlägt: Viele tragen das »krankheitsfreie Virus«, sagt der schwedische Staatsepidemiologe Anders Tegnell. Niemand belohnt diese Annäherung an die Wahrheit.[37]

In Deutschland gilt die Dramatisierung des Virus. Auch Dämonisierung ist willkommen, wenn sie uns der Maskenrepublik ohne Verweigerer näher bringt. Experten aus den Fachdisziplinen Epidemiologie und Virologie warnen die Gesundheitsmanager in der Regierung vor »Alarmismus«.[38] Aber symptomfreie Infizierte sind kein Thema für die öffentliche Information. Die Medien stärken eher den Kurs der Regierung: Das Virus mutiert, es steckt auch Geheilte neu an, so eine Meldung aus Hongkong am 24. August 2020.[39] Alles, was den Maskengehorsam stärkt, ist offenbar willkommen. Die Presse legt nach: »Ist das Coronavirus ein Wiederholungstäter?«, fragt die *FAZ*.[40]

Wie werden wir reagieren im Jahr 2022, wenn wir gelernt haben, uns ohne Maske nackt zu fühlen? Wie lange werden wir zögern, die Maske abzulegen?

Und wo wird die Würde überwintern, die unantastbare, die uns vor der Jahrhundertbedrohung schützen muss, die weit über SARS-CoV-2 hinausgeht? Wer wird an sie erinnern?

Wieder ist es ein Ausländer, mitten im Sommermonat August, als die Kanzlerin »die Zügel anziehen will«, um das Maskenland im Training zu halten. Es ist ein US-Amerikaner, Staatssekretär im US-Außenamt, der ein Interview im *Handelsblatt* nutzt, um den Comment der Mainstream-Berichterstattung für Minuten zu sprengen: der US-Außenstaatssekretär Keith Krach, der mit einem *Handelsblatt*-Redakteur über den Ausbau der digitalen Netze und die deutsche Arglosigkeit gegenüber dem chinesischen Kooperationsangebot der Firma Huawei sprach.

Es ging also um die seit Monaten schwelende 5G-Debatte. Der amerikanische Interviewpartner Krach bezeichnete Huawei als »Rückgrat des chinesischen Überwachungsstaates« – so weit der vertraute US-Sound. Keith Krach ist ein Quereinsteiger in die Politik. Er hat im Silicon Valley gearbeitet und führte die Tech-Unternehmen Ariba und Docusign. Der *Handelsblatt*-Redakteur Moritz Koch fragt den Amerikaner: »Was macht China so gefährlich, dass die Supermacht Amerika einen Feldzug gegen Apps wie Tiktok und Technologielieferanten wie Huawei führt?« Keith Krach liefert eine verblüffende Antwort: »Worum es geht, steht in Artikel 1 der deutschen Verfassung: ›Die Würde des Menschen ist unantastbar. Sie zu achten und zu schützen ist Verpflichtung aller staatlichen Gewalt.‹« Kochs Gegenfrage zeigt den Überraschungseffekt. Herausgefordert kontert er wie ein Ertappter: »Wie bitte?« – Darauf der Staatssekretär: »Allein in den vergangenen Monaten hat die chinesische Kommunistische Partei eine Pandemie entfesselt, die Freiheiten Hongkongs abgeschafft, eine blutige Konfrontation an der Grenze zu Indien provoziert [...] Diese Menschenrechtsverletzungen werden ermöglicht durch Chinas Big-Brother-Überwachungsstaat, der weltweit Milliarden von Menschen erfasst.«[41]

In der deutschen Huawei-Debatte hatte der Verweis auf die unantastbare Würde bisher keine Chance. Auch auf Krachs kühnes Statement zum Würde-Konzept in Corona-Deutschland fehlte jedes Echo.

Eine Hommage an die Menschenwürde müsste in Deutschland heute wohl deutlicher werden, als der Artikel 1 unserer Verfassung sein konnte. Der chinesische Imperialismus, im Tarnkleid der »Neuen Seidenstraße« bereits länger unterwegs in Europa, liefert den Verfassern des Grundgesetzes nachträglich alarmierende Aktualität. Die Bagatellisierung durch Handelsbeziehungen wird die neue Bipolarität nicht entschärfen können. Was die Verfassung mit dem höchsten Rang über allen Rechtsgütern unantastbar stellt, die Würde, unterscheidet unser politisches System grundsätzlich vom Überwachungskapitalismus.

In planwirtschaftlichen Lebenskonzepten findet »Würde« nicht statt

Würde widerspricht dem Prinzip der planwirtschaftlichen Staatsmacht, die freiheitliches Kräftemessen im Wettbewerb nicht zulassen kann. Die Unantastbarkeit der Würde besteht in ihrer Nichtverfügbarkeit für den Umgang mit käuflichen und handelbaren Gütern. Die unantastbare Würde ist nicht verhandelbar. Wer sie vorübergehend außer Kraft setzen möchte, lebt gefährlich. Denn damit wäre sie im Markt der handelbaren Güter verloren.

Die Würde sichert den abendländisch geprägten Nachfahren der Griechen und Römer das, was Chinas im Jetzt gefangene Söldnerführer ihren Sklavenheeren nicht geben können: Transzendenz.

Was wir als Follower chinesischer Konzepte im Corona-Management mit der Zerstörung unserer Existenzgrundlagen als freiheitliche Wettbewerber in der Marktwirtschaft aufgeben, ist unsere Identität. Lautet die zeitgemäße These also: »Auf dem Weg in eine digitale Jetzt-Kompetenz, die auf nichts mehr zeigt, brauchen wir keine unantastbare Würde mehr«? Das Experiment wird misslingen.

Wenn wir den Abschied von der Transzendenz beschlie-
ßen, betreten wir eine andere Welt. Dort gilt nur die Jetzt-
Kompetenz, die auf nichts mehr zeigt. Alles »ist« nur noch,
ohne etwas zu bedeuten. Nichts und niemand ist mehr unantastbar.

Der Kern unserer Erfolgsgeschichte in der versunkenen bipolaren Welt des Kalten Kriegs alter Ordnung war die Unver-
fügbarkeit der virtuellen Größe, die dem materiellen Wettkampf entzogen war: die Würde.

**Würde ist unverkäuflich und nicht handelbar. Würde ist
nicht dosierbar.** Es gibt sie nur komplett. Die neue bipolare Weltordnung verstrickt uns in den Machtkampf mit den
Söldnerführern des Überwachungskapitalismus. Wir werden
nicht Teile unseres Würde-Konzeptes als Pfand behalten können. Der Preis für das nächste Kapitel in unserer Geschichte
ist die Würde, die unantastbare.

Bilanz

Europa verlässt das Schlachtfeld Corona als Verlierer. Auch Deutschlands Investment in eine perfekte Gesundheitsstrategie kostet mehr als vertretbar, wenn wir das Corona-Konzept des Überwachungskapitalismus nicht zur Staatsdoktrin in Europa machen wollen.

Die Antiviruspolitik der freiheitlich geprägten Demokratien auf dem europäischen Kontinent folgte dem Vorbild coronaerfahrener Staaten wie China. Die zentralen Maßnahmen des asiatischen Konzepts zum Schutz des eigenen politischen Machtmodells wurden von den liberalen Demokratien Europas übernommen. Im Zentrum dieser Maßnahmen stand ein Notstandsregime, das der staatlichen Gewalt erlaubt, Städte abzuriegeln, Landesgrenzen zu schließen, Ausgehverbote zu verhängen und den gesamten gesellschaftlichen und wirtschaftlichen Kräfte-Austausch abzuschalten.

In totalitär regierten Staaten ist die Abschaltung aller Wirtschaftsprozesse nicht schwierig: Die Staatswirtschaft gibt dem Diktator ohnehin den vollen Durchgriff auf alle Lebensfunktionen von Produktion, Handel und Gewerbe. Auch die Kulturstätten lassen sich per Anordnung schließen. An- oder abgeschaltet sind alle Funktionen im Überwachungsstaat immer in staatlicher Hand. Freiheit und Wettbewerb finden nicht statt. Die Söldner überwachter Staaten machen also in Pandemien kaum Verluste.

Ganz anders sieht es am Gegenpol der neuen Weltordnung aus, wenn die Marktwirtschaft, das pochende Herz der de- mokratischen Freiheitsordnung, stillgelegt wird: Die demo- kratische Lebensversicherung, der Wettbewerb, wird vom Herzstillstand tödlich getroffen. Wenn Wettbewerbskulturen wie die soziale Marktwirtschaft die Abschaltmaßnahmen der Diktaturen nachahmen, ist das ein selbst verfasstes Todesurteil für den freiheitlichen Part in der bipolaren Weltordnung.

Die Pandemiepolitik der europäischen Länder überrascht als unkritische Übernahme des totalitären Ansatzes, den die asiatischen Staaten liefern.

Eine Debatte, ob die Diktatorenvariante ungeprüft für Europa verbindlich gemacht werden durfte, unterblieb. Ganz Europa hatte schon im Frühjahr 2020 mit dem Eindruck zu kämpfen, verspätet und unvorbereitet in ein Abwehrpro- gramm einzusteigen, dessen erste Kapitel die Absender des Virus in Fernost schon erledigt hatten.

Aufgeklärt europäisch mit der anrollenden Katastrophe umzugehen konnte im Verständnis der deutschen Politik nur heißen, technologisch perfekt und programmatisch möglichst simpel in eine erfolgreiche Viruskampagne einzusteigen.

Für Transzendenz, wie sie die deutsche Verfassung in Ar- tikel eins vorlegte, also »Unantastbarkeit« der höchsten Norm, der Würde des Menschen, blieb da keine Zeit.

Leben retten, Gesundheit schützen, das war ein Motto, das chinakonform genug erschien, um die groß angelegte gemeinsame Virusabwehr über alle Systemgegensätze hinweg zu garantieren.

Die deutsche Bevölkerung ruft noch im Herbst 2020 nach härteren Verbotskatalogen. Der übermächtig agierende Staat, der auch nach Hinschwinden aller Notstandsargumente am Ausnahmezustand festhält, fegte noch im September 2020 einen Antrag der Freien Demokraten aus der Tagesordnung des Parlaments, der die gesetzlich zwingende Aufhebung des Ausnahmezustands verlangte.

Deutschland will offenbar gehorchen. Demnächst vielleicht auch den Überwachungskapitalisten aus dem ehemals gegnerischen Lager?

Als Follower der asiatischen Leaders im Pandemiemanagement erreichten wir zwangsläufig auch das Zentrum der Maßnahmen, wo endgültig über die Systembekenntnisse der politischen Führungen in der neu besetzten bipolaren Welt entschieden wird.

Das Zentrum war die schlagartige ausnahmefreie Abschaltung des Gesamtgeschehens freie Marktwirtschaft mit allem, was sie lebenswert macht: den Bistros, den Kinos und Theatern und, dramatisch, den Schulen und Kindergärten, den Spielplätzen, den informellen Treffs, wo man zum Small Talk auf den Straßen und Plätzen flanierte. Dieses Zentrum konnte die deutsche Politik nur deshalb mit Rückenwind der Bürger zu verbrannter Erde machen, weil sie alle miteinander, die Politiker, die Wissenschaftler, die Bürger, als Gestalter und Erhalter, als Nutzer und Profiteure dieser mehrhundertjährigen Welt von Errungenschaften, offenbar vergessen hatten, wie gewaltig und imponierend, wie unwiederbringlich kostbar der Hintergrund ist, auf dem Wohlstand in Frieden und Freiheit entsteht.

Dass offenbar eine Mehrheit auf allen Ebenen in Deutschland zu vergessen entschlossen war, dass sie ihre eigene Zukunft den Eroberern aus dem anderen Lager der neuen Welt auslieferte, ist der erschütternde Befund des Corona-Kapitels unserer Katastrophengeschichte.

Wieder eine selbst inszenierte Niederlage mit deutscher Perfektion selbst unterschrieben und vollzogen. Die Erkenntnis der realen Folgen verzögert sich.

Was war es, das wir alle vergessen hatten, als Deutschland dem Knock-out seiner Identität zustimmte? Es war die zielführende Einsicht unserer Vorfahren, die uns die Würde, unantastbar, an den Start der Verfassung schrieben: Die Marktwirtschaft ist nicht nur ein ökonomisches Konzept. Ihre Verankerung in unserem Menschenbild ist es, was sie vom Überwachungskapitalismus unterscheidet.

In der Mitte der Marktwirtschaft steht eben nicht das teuerste, sondern das unverkäufliche Gut, das von allen handelbaren Gütern unterschieden ist: die unverkäufliche Würde des verletzlichen *homo sapiens.*

Im Artikel 1 unserer Verfassung ist der Mensch als das Würdewesen in Rechte eingesetzt, die der Überwachungsstaat nicht versprechen kann, weil er ans Hier und Jetzt gekettet ist. Was er nicht liefern kann, ist Transzendenz.

Dass die Würde mehr ist als das physische Leben, ist der Impuls, der den *homo sapiens* via Gehirnwachstum an die Spitze der Evolution gebracht hat. Wer Knechte braucht, wird nie auf Würde setzen können.

Hätte das Corona-Management den Verfassungsauftrag ernst genommen, dann hätte die »Verpflichtung aller staatlichen Gewalt«, die Würde »zu achten und zu schützen«, einen Lockdown nicht zugelassen. Auf allen früheren Stufen der Notstandspolitik wären Konzepte entstanden, die Junge und Alte, Kinder und Erwachsene am Maßstab ihrer Würde vor Gefährdungen durch das Virus geschützt hätten. Wir hätten den emotionalen und den psychischen Preis für die sogenannten »Maßnahmen« senken können, den die Kinder und ihre Eltern, die Alten und die Jungen, die Gesunden und die Kranken zahlen.

Conclusio

Da Pandemien uns erneut auf die Probe stellen könnten: Wir Deutschen und Europäer müssen einen eigenen Umgang mit Großkatastrophen finden, der zu unserem Menschenbild und zur deutschen Verfassung passt.

Das augenblicklich gültige autoritäre Lösungskonzept, das global absolviert wurde, als sei es konkurrenzlos, vernichtet unsere Kraftquellen und zerstört unser Menschenbild und seine Würde.

Auf unserer Seite des Globus kann es nicht sein, dass Gesundheitsmanagement Würde kostet.

Anmerkungen

1   Angela Merkel am 30. Mai 2019. Zit. nach: https://www.bundeskanzlerin.de/
    bkin-de/aktuelles/rede-von-bundeskanzlerin-merkel-bei-der-368-graduations-
    feier-der-harvard-university-am-30-mai-2019-in-cambridge-usa-1633384,
    30.05.2019.

2   Vgl. https://www.zeit.de/wissen/gesundheit/2020-02/coronavirus-pandemie-
    lungenkrankheit-virologie-alexander-kekule, Gastbeitrag von Alexander
    Kekulé, 25.02.2020; https://www.tagesspiegel.de/wissen/warum-covid-19-
    ansteckender-ist-als-sars-enorme-mengen-virus-im-oberen-rachenbereich/
    25588526.html, 27.02.2020; https://www.spiegel.de/wissenschaft/medizin/
    coronavirus-kampf-gegen-ausbreitung-von-covid-19-jeder-tag-zaehlt-a-
    9c56b511-a31a-4bc8-bf0f-5a6e58b33bbc, 11.03.2020; The Lancet Infectious
    Diseases, www.eurekalert.org/pub_releases/2020-06/tl-pss061720.php,
    18.06.2020.
    Weltweit wurden bisher laut Weltgesundheitsorganisation (Stand 12.10.2020)
    37.423.660 Covid-19 bestätigte Infektionen und 1.074.817 Todesfälle
    verzeichnet. Vgl. https://covid19.who.int/.

3   Vgl. dazu die Ausführungen von Gertrud Höhler, *Die Patin*, Zürich 2012,
    S. 106ff.; *Demokratie im Sinkflug*, München 2017, S. 98; *Angela Merkel – Das
    Requiem*, Berlin 2020, S. 89.

4   Zum Begriff »Mission Statement«: »Mission Statement bezieht sich ursprüng-
    lich auf Unternehmen und wird im deutschen Sprachgebrauch oft auch als
    Unternehmensleitbild bezeichnet. Dieses ist eng mit der Unternehmenskultur
    verknüpft und beschreibt kurz und auf den Punkt gebracht, welchen Grund es
    für das Bestehen eines Unternehmens gibt, welches Selbstverständnis damit
    einhergeht und welche übergestellten Ziele angestrebt und verwirklicht
    werden sollen.« Zit. nach: https://karrierebibel.de/mission-statement/,
    27.02.2017.

5   Die Angst vor den Konsequenzen eines bedrohlichen Szenarios führt nicht
    nur zu einer Überschätzung der Eintrittswahrscheinlichkeit, sondern auch zu
    einer Überschätzung des Nutzens präventiver und schützender Maßnahmen.
    »Aus heutiger Sicht ist diese [im Frühjahr 2020 erfolgte] Einschätzung einer
    lebensbedrohlichen Erkrankung von 20 Prozent der Bevölkerung viel zu
    hoch […]. Selbst wenn man sich bei einer Risikoprognose an der Zahl der
    bekannten Infizierten orientiert und annimmt, dass diese sich alle lebensbe-
    drohlich erkrankt fühlen, würden zu den bislang 200 000 bekannten Infizier-
    ten […] noch einmal so viele hinzukommen, das wären dann insgesamt
    400 000. Diese Zahl dürfte die Obergrenze für das Ausmaß lebensbedrohlicher
    Covid-19-Erkrankungen im Zeitraum vom Frühjahr 2020 bis Frühjahr 2021
    sein. Damit würde das lebensbedrohliche Erkrankungsrisiko für die erwachsene
    Bevölkerung in Deutschland nur etwa 0,6 Prozent betragen.« Zit. nach:
    https://www.diw.de/de/diw_01.c.795735.de/publikationen/diw_aktuell/
    2020_0052/menschen_ueberschaetzen_risiko_einer_covid-19-erkrankung_
    beruecksichtigen_aber_individuelle_risikofaktoren.html, 06.08.2020; Vgl.
    dazu auch https://www.spiegel.de/psychologie/die-angst-vor-corona-ist-
    groesser-als-das-tatsaechliche-risiko-a-80c1a0c8-c5c3-46f2-ba45-22a6270
    e1db8, 10.08.2020; https://www.heise.de/tp/features/Die-Ueberschaetzung-
    des-tatsaechlichen-Anstiegs-der-Coronavirus-Neuinfektionen-4709977.html,
    26.04.2020.

6   Vgl. hierzu Ian Kershaw: »Trauma der Deutschen«, in: Der Spiegel,
    07.05.2001, S. 59-74 (https://www.spiegel.de/spiegel/print/d-19120349.html)
    und Gertrud Höhler: Angela Merkel. Das Requiem, Berlin 2020, S. 267–290.

7   »Die Würde des Menschen ist unantastbar. Sie zu achten und zu schützen ist
    Verpflichtung aller staatlichen Gewalt.«

8   Vgl. den Beitrag des Staatsrechtlers und Rechtsphilosophen Uwe Volkmann:
    »Das höchste Gut«, FAZ; https://www.faz.net/aktuell/feuilleton/debatten/
    staatsrecht-und-die-wuerde-des-menschen-16705618.html, 01.04.2020.

9   Anfangs wurde das Virus als weniger gefährlich als eine herkömmliche »Grippe«
    eingestuft. Zit. nach: https://www.handelsblatt.com/politik/deutschland/
    erreger-coronavirus-ansteckend-aber-nur-maessig-gefaehrlich/25485730.html,
    29.01.2020; Vgl. dazu auch: https://www.aerzteblatt.de/archiv/212365/
    Coronavirus-2019-nCoV-Der-Steckbrief-des-Virus-ist-im-Fluss, 07.02.2020.
    Am 02.03.2020 hat das Robert Koch-Institut in einer Pressekonferenz von
    Experten auf die Dynamik der Ausbreitung des Virus hingewiesen und seine
    Bewertung auf »mäßig« hochgestuft: https://www.bundesgesundheitsministeri-
    um.de/coronavirus/chronik-coronavirus.html;
    https://www.tagesschau.de/inland/coronavirus-deutschland-153.html, 02.03.2020;
    Vgl. dazu auch Joachim Müller-Jung in der FAZ vom 14.03.2020.
    Seit dem 17.03.2020 wurde das Virus allerdings als »hoch« und für Risiko-
    gruppen seit dem 27.03.2020 als »sehr hoch« eingestuft.

10 Der Wirtschaftswissenschaftler Thomas Straubhaar warnte schon früh vor einer
    Überreaktion auf die Krise. Bereits im März sei einen Einbruch wie in Kriegs-
    zeiten zu verzeichnen gewesen. Wenn die Wirtschaft zum Erliegen käme, wür-
    den Folgeschäden für die ganze Gesellschaft drohen. Vgl. https://nzzas.nzz.ch/
    wirtschaft/coronavirus-thomas-straubhaar-ueber-die-wirtschaftlichen-folgen-
    ld.1546457, 14.03.2020;

https://www.augsburger-allgemeine.de/politik/Coronavirus-Schaffen-wir-gerade-unsere-Freiheit-ab-id57091101.html, 18.03.2020.
Der Politikwissenschaftler Michael Bröning hat ebenfalls zu einem frühen Zeitpunkt auf die weltumspannenden Kollateralschäden hingewiesen, die der Überbietungswettbewerb der Regierungen in Sachen Krisenreaktion bzw. Eindämmungsmaßnahmen ausgelöst hat: »Schulschließungen, Ausgangssperren, Quarantäne, Isolation, tiefe Eingriffe in den Datenschutz.« Zit. nach https://www.cicero.de/innenpolitik/corona-krise-panikorchester-demokratie-ausnahmezustand, 29.04.2020.
»Das UN-Umweltprogramm warnt: Ursprünglich bei Tieren vorkommende Krankheiten könnten in Zukunft häufiger auf den Menschen überspringen - ähnlich wie das beim Coronavirus SARS-CoV-2 geschah.« Zit. nach https://www.dw.com/de/coronavirus-immer-mehr-solcher-pandemien/a-54073976, »Pandemien [werden] in Zukunft immer wahrscheinlicher werden«, zit. nach https://www.rtl.de/cms/wie-corona-warum-pandemien-in-zukunft-immer-wahrscheinlicher-werden-4539360.html, 20.05.2020, 07.07.2020.
»Der Virologe Hendrik Streeck regt eine Debatte über Umfang und Dauer der staatlichen Beschränkungen zur Eindämmung der Coronavirus-Pandemie an.« Er plädiert für einen Strategiewechsel. Vgl. https://www.faz.net/aktuell/gesellschaft/gesundheit/virologe-streeck-plaediert-fuer-strategiewechsel-in-corona-politik-16950978.html, 13.09.2020.

11 Artikel 1 des Grundgesetzes.
12 In der »*Ergänzung zum Nationalen Pandemieplan – COVID-19*« des RKI werden als übergeordnete Ziele aller Maßnahmen genannt:
– die »Reduktion der Morbidität und Mortalität in der Gesamtbevölkerung,«
– die »Sicherstellung der Versorgung erkrankter Personen,«
– die »Aufrechterhaltung essenzieller, öffentlicher Dienstleistungen,«
– die »zuverlässige und zeitnahe Information für politische Entscheidungsträger, Fachpersonal, die Öffentlichkeit und die Medien.« Zit. nach https://www.rki.de/DE/Content/InfAZ/N/Neuartiges_Coronavirus/Ergaenzung_Pandemieplan_Covid.pdf?__blob=publicationFile, 04.03.2020.
»Der wirtschaftliche Shutdown während der Corona-Pandemie stürzt die deutsche Wirtschaft in eine schwere Rezession. In konsumnahen Dienstleistungsbranchen kam die Wirtschaftstätigkeit ab Mitte März weitgehend zum Erliegen [vgl. Monatsbericht der Deutschen Bundesbank, April 2020, S. 5: https://www.bundesbank.de/resource/blob/831048/7d2cdae4870bbdff-2cd10b1e4a324f09/mL/2020-04-monatsbericht-data.pdf]. Dabei war es insbesondere ›... die beispiellose Geschwindigkeit, mit der die Pandemie und die zu ihrer Eindämmung ergriffenen Maßnahmen die deutsche Wirtschaft lahmlegten‹ [...], die Unternehmen ›eiskalt‹ erwischt hat. Dies sorgt nicht nur für ›erhebliche Unsicherheit bei der Einschätzung der Konjunkturentwicklung‹ [ebda.]«. Zit. nach https://www.risknet.de/en/topics/news-details/no-time-to-die, 05.05.2020.
»Unter den [im Epidemiologischen Bulletin des RKI 17/2020, publiziert am 23.04.2020] bis zum [Lockdown am] 17.03.2020 übermittelten 12.178 Infektionsfällen mit Altersangabe (ca. 100% von 12.211 Fällen) war mit 55% die Altersgruppe der 35- bis 59-Jährigen am stärksten vertreten (23/100.000 Einwohner), gefolgt von Fällen im Alter von 15 bis 34 Jahren (26%,

16/100.000 Einwohner) und 60 bis 79 Jahren (14%, 15/100.000 Einwohner). Die Anteile waren in den übrigen Altersgruppen sehr gering; insbesondere in der Altersgruppe der 0- bis 4-Jährigen mit 1% (2/100.000 Einwohner)«, zit. nach https://www.rki.de/DE/Content/Infekt/EpidBull/Archiv/2020/Ausgaben/17_20.pdf?__blob=publicationFile, S. 4, 23.04.2020.

»In Deutschland fiel die in ihrer Bedeutung weiterhin umstrittene Reproduktionszahl bereits vor dem Lockdown unter dem Eindruck der Bilder aus Italien und mit den ersten Einschränkungen für Großveranstaltungen am 9.3.20 bis zum 21.3.20 auf unter 1 […]. Die ab dem 23. März 2020 einsetzenden Lockdown-Maßnahmen könnten den Wiederanstieg verhindert und/oder das Zurückgehen der Pandemie beschleunigt haben. Offen bleibt, ob die Infektionsrate auch ohne die einschneidenden Verbote zurückgegangen wäre.« Zit. nach: https://www.heise.de/tp/features/Haben-die-Lockdown-Massnahmen-die-Ausbreitung-der-Pandemie-und-die-Zahl-der-Toten-reduziert-4782710.html, 13.06.2020.

13   Vgl. dazu: Virologen-Streit: Hendrik Streeck, Direktor des Instituts für Virologie der Universitätsklinik Bonn, bezeichnet den Lockdown als Fehler. »Nach dem ersten Verbot von Großveranstaltungen im März seien die Infektionszahlen bereits gesunken. ›Die weiteren Maßnahmen wie Kontaktbeschränkungen hätte er vom tatsächlichen Verlauf abhängig gemacht, auch um zu sehen, wie die einzelnen Beschränkungen wirken und ob zusätzliche Schritte wirklich nötig seien.‹« Zit. nach https://www.welt.de/wissenschaft/article209299157/Corona-Krise-Virologe-Streeck-kritisiert-deutschen-Lockdown.html, 10.06.2020.
Christian Drosten (Direktor des Instituts für Virologie an der Charité) widersprach ihm. Hygiene-Professor Klaus-Dieter Zastrow kritisierte Streeck scharf: https://www.merkur.de/welt/corona-streeck-drosten-lockdown-zweite-welle-virologe-prognose-hygiene-deutschland-schulen-kitas-zr-13778839.html, 16.06.2020.

14   heute journal vom 26.04.2020: https://www.zdf.de/nachrichten/heute-journal/eltern-in-der-coronakrise-102.html.

15   Wer als akut Infizierter symptomfrei getestet wird, kann Symptome später noch entwickeln. Er wäre dann nicht asymptomatisch, sondern präsymptomatisch. Wenn man also den Anteil symptomfrei Infizierter ermitteln will, muss man die Patienten länger im Blick behalten. Dass dies nur ein kleiner Anteil aller Studien auch wirklich getan hat, die sich mit dem asymptomatischen Anteil bei Covid-19 beschäftigen, zeigt ein Überblicksartikel in den Annals of Internal Medicine vom 01.09.2020: https://www.acpjournals.org/doi/10.7326/M20-3012.
Siehe auch: https://www.faz.net/aktuell/wissen/wie-viele-corona-infizierte-frei-von-symptomen-bleiben-16816959.html, 18.06.2020.
In Deutschland wurden (Stand 12.10.2020) insgesamt 326.309 Infektionsfälle und 9626 Todesfälle verzeichnet. Zu Infektionsfällen vgl.: https://www.rki.de/DE/Content/InfAZ/N/Neuartiges_Coronavirus/Fallzahlen.html;
Zu Todesfällen vgl.: https://www.rki.de/DE/Content/InfAZ/N/Neuartiges_Coronavirus/Projekte_RKI/COVID-19_Todesfaelle.xlsx?__blob=publicationFile.
Eine Statistik symptomfrei Infizierter liegt nicht vor (vgl. aber auch Anm. 17).

16 Ein bis zwei Tage bevor infizierte Personen Krankheitszeichen entwickeln (präsymptomatisch), können sie bereits andere anstecken. Es wird vermutet, dass sich ein durchaus beträchtlicher Anteil von Personen so ansteckt. Ein Teil der infizierten Personen entwickelt keine Krankheitszeichen (asymptomatisch). Auch diese infizierten Personen ohne Krankheitszeichen, d. h. Personen, die überhaupt nicht erkranken, können COVID-19 übertragen; vermutlich spielen sie jedoch eine untergeordnete Rolle bei der Übertragung des Coronavirus SARS-CoV-2. Vgl. https://www.ages.at/themen/krankheitserreger/coronavirus/faq-coronavirus/, 04.09.2020.

17 »Mehrere Studien sprechen dafür, dass sehr viele Corona-Infizierte symptomlos bleiben.« Zit. nach https://www.sueddeutsche.de/gesundheit/covid-19-keine-symptome-1.4921116, 29.05.2020; Vgl. dazu auch https://www.rnd.de/gesundheit/corona-zahlen-wie-hoch-ist-die-dunkelziffer-und-welche-auswirkungen-haben-symptomlose-infektionen-AJRDFQLERRBV-RKC2B5RGG3KVBY.html, 24.08.2020.

18 Bild, 02.09.2020, S. 1, 2.

19 https://www.rki.de/DE/Content/InfAZ/N/Neuartiges_Coronavirus/Modellierung_Deutschland.pdf;jsessionid=B0A4B60FB0E0409A257B2A-54C80A3FA4.internet051?__blob=publicationFile, 20.03.2020; https://www.weltwoche.ch/ausgaben/2020-16/kommentare-analysen/dynamik-der-panik-die-weltwoche-ausgabe-16-2020.html, 15.04.2020; https://www.tagesspiegel.de/politik/drastische-anti-corona-massnahmen-bund-und-laender-schliessen-geschaefte-spielplaetze-und-sportstaetten/25650022.html, 16.03.2020. https://www.bild.de/bild-plus/politik/inland/politik-inland/kippt-die-corona-stimmung-wo-regierungs-alarmismus-und-realitaet-nicht-zusammen-72554532, 25.08.2020.

20 Einschätzungen der Virologen Hendrik Streeck, Christian Drosten und Alexander Kekulé: https://www.express.de/news/panorama/virologe-stellt-these-auf-schaden-durch-lockdown-groesser-als-durch-corona-36548638, 13.04.2020; https://web.de/magazine/news/coronavirus/christian-drosten-hendrik-streeck-alexander-kekule-virologen-portrait-34634520, 22.04.2020; https://www.uni-hamburg.de/newsroom/podcast/wie-jetzt-1.html, 25.06.2020.

21 NZZ vom 05.08.2020, S. 13.

22 Interview in der FAZ vom 05.09.2020, S. 4.

23 FAZ, a.a.O.

24 www.quarks.de/gesundheit/medizin/wie-sinnvoll-ist-der-schwedische-corona-sonderweg/, 12.06.2020.

25 Weltwoche Nr. 33/2020, S. 10.

26 www.quarks.de/gesundheit/medizin/wie-sinnvoll-ist-der-schwedische-corona-sonderweg/, 12.06.2020.

27 https://www.tagesspiegel.de/wissen/coronavirus-infektionen-sinken-staatsepidemiologe-in-schweden-rechnet-mit-abebben-der-pandemie/25797188.html, 03.05.2020.

28 https://www.risknet.de/en/topics/news-details/no-time-to-die, 05.05.2020. https://www.manager-magazin.de/politik/artikel/coronavirus-exit-strategie-nach-dem-lockdown-a-1305522.html, 03.04.2020.

29 https://www.zeit.de/wissen/gesundheit/2020-04/schulschliessungen-kitas-coronavirus-covid-19-leopoldina 14.04.2020; https://www.sueddeutsche.de/gesundheit/coronavirus-kinder-ansteckend-schulen-1.4893568, 30.04.2020; https://www.zdf.de/nachrichten/panorama/coronavirus-kinder-infektionen-100.html, 04.05.2020; https://www.tagesschau.de/inland/coronavirus-schulen-109.html, 16.10.2020.

30 www.quarks.de/gesundheit/medizin/wie-sinnvoll-ist-der-schwedische-corona-sonderweg/, 12.06.2020.

31 www.quarks.de/gesundheit/medizin/wie-sinnvoll-ist-der-schwedische-corona-sonderweg/, 12.06.2020.

32 Ebda.

33 Kekulé und Radbruch zit. nach: www.quarks.de/gesundheit/medizin/wie-sinnvoll-ist-der-schwedische-corona-sonderweg/, 12.06.2020.

34 https://www.bild.de/politik/ausland/politik-ausland/coronavirus-kontaktverbot-darum-macht-uns-daenemark-hoffnung-69767012.bild.html, 01.04.2020; https://www.zeit.de/politik/ausland/2020-04/coronavirus-daenemark-lockerungen-kitas-mette-frederiksen 06.04.2020.

35 https://www.rki.de/DE/Content/InfAZ/N/Neuartiges_Coronavirus/Modellierung_Deutschland.pdf?__blob=publicationFile, 20.03.2020.

36 https://www.welt.de/wissenschaft/article209099909/Virologe-Streeck-Ueber-den-Sommer-bisschen-mehr-Mut-erlauben.html, 07.06.2020.

37 http://gouvernancegc.com/site/d57ce5-schwedische-model-corona, o. D. https://www.quarks.de/gesundheit/medizin/wie-sinnvoll-ist-der-schwedische-corona-sonderweg, 12.06.2020.

38 https://www.welt.de/vermischtes/article210921039/Maybrit-Illner-Ein-Virologe-warnt-vor-einem-Dauerzustand-der-Erregung.html, 03.07.2020; https://www.welt.de/politik/deutschland/article213121560/Corona-Hausaerzte-warnen-Politik-vor-Alarmismus.html, 08.08.2000; https://www.handelsblatt.com/politik/deutschland/interview-top-virologe-streeck-daempft-impfstoff-hoffnungen-und-warnt-vor-alarmismus-und-stimmungsmache/26192796.html, 16.09.2000.

39 »Forscher weisen nach, dass sich ein Mann zwei Mal mit Corona infizierte«, Welt: https://www.welt.de/wissenschaft/article214218800/Forscher-melden-ersten-Nachweis-einer-Corona-Wiederinfektion.html, 24.08.2020; vgl. auch: »Zwei Genesene infizieren sich erneut mit Corona«, Welt: https://www.welt.de/wissenschaft/article214244006/Reinfektion-mit-Coronavirus-Zwei-Genesene-in-Benelux-erneut-mit-infiziert.html, 25.08.2020.

40 So die Frage von Patrick Schlereth im FAZ-Newsletter (https://www.faz.net/aktuell/f-a-z-newsletter-infektion-ohne-symptome-ende-fuer-tests-ohne-ende-16921363.html) mit Verweis auf Joachim Müller-Jung: »Das Virus ist Wiederholungstäter«, in FAZ: https://www.faz.net/aktuell/wissen/ist-der-corona-impfschutz-in-gefahr-das-virus-ist-wiederholungstaeter-16920821.html, 25.8.2020.

41 Handelsblatt vom 17.08.2020, S. 7.